김사원세끼의
노포 투어

노포

거국적으로 제안하는
대한민국 맛집 리스트

김사원세끼의
노포 투어

프롤로그

반갑습니다 세끼 먹는 김사원, 김사원세끼입니다

반갑습니다. 세끼 먹는 김사원, 김사원세끼입니다. 저는 회사를 다니고 있는 평범한 직장인이지만, 퇴근 후에는 가성비 좋은 노포 맛집을 주력으로 소개하는 유튜브 채널을 운영하고 있습니다.
비록 취미로 시작한 유튜브이지만, 구독자는 어느덧 42만 명을 넘어섰는데요. 이렇게나 많은 사람들에게 사랑받게 될 줄은 몰랐습니다. 이 책을 빌려 감사한 마음을 전합니다.

유튜브 채널만으로 여러분을 만나다가 이렇게 책을 통해 뵈니 감회가 새롭습니다. 이 책에는 그동안 '김사원세끼' 유튜브 채널에서 소개했던 220여 곳의 식당 중에서, 후기가 좋았던 115여 곳의 식당을 엄선하여 수록했습니다. 뿐만 아니라, 유튜브에서는 차마 소개하지 못했던 식당들과 그동안 말하지 못했던 비하인드 스토리까지 담았습니다.

많은 분들께서 제 채널을 좋아해주시는 이유에는 여러 가지가 있습니다. 곳곳에 숨겨진 보물 같은 노포들을 파헤치는 큐레이팅력, 맛깔나는 입담과

구수한 아재 개그가 녹아 있는 B급 감성 내레이션. 그리고 많은 이들의 공감대를 불러일으키는 평범한 직장인의 모습까지 다양하지만, 그중에서도 제가 가장 자부심이 있는 점은 식당 소개 콘텐츠에서 단 한 차례도 식당 광고 협찬을 받은 적이 없었다는 것입니다. 지난 5년간 무수히 많은 유혹들을 뿌리치고 이 신념을 뚝심 있게 지켜온 것에 대한 자부심으로 마침내, '숨겨진 노포 맛집 소개'라는 주제로 책을 집필하게 되었습니다.

노포는 참 매력이 많은 공간입니다. 상당한 업력에서 확신하는 어느 정도 보장된 맛, 오래된 인테리어에서 느껴지는 정감 넘치는 분위기, 여기에 훌륭한 가성비까지 더해주니 노포는 퇴근 후 소소하게 술 한잔 걸치기엔 더할 나위 없는 공간입니다.

때로는 허름한 외관과 곧 쓰러질 것만 같은 낡은 간판(심지어는 간판이 아예 없기도 합니다)을 보고 들어가지만, 기대가 전혀 안 되는 곳에서 뜻밖의 만족감을 얻고 나올 때만큼 이만한 행복감은 없습니다.

프롤로그

인생 뭐 있겠습니까? 평상시에 많이 웃으며 행복하게 살아가면 그만입니다. 또 행복이란 건 꼭 거창할 필요도 없습니다. 세상에서 가장 행복하기 쉬운 방법이 바로, 맛집을 찾아가는 거라고 생각합니다. 매일 반복되는 하루 속에서 편한 사람들과 맛있는 음식을 먹을 때 가장 행복한 순간을 맞이합니다.

이 책을 통해 소소한 맛집으로 작은 행복을 느끼는 방법을 공유하고 싶습니다. 일에 허덕이고 상사에게 치이고 매일 쳇바퀴 같은 일상에 지친 K-직장인들에게 노포를 찾는 것이 한줄기 위로와 같은 일상의 낙이 되었으면 좋겠습니다.

새로운 동네에 가는 것, 안 가본 식당을 경험하는 것 또한 일상 속 여행이라고 생각합니다. 이 책이 삶의 활력을 불어넣는 여행길의 안내자가 되었으면 좋겠습니다. 마지막으로, 오랜 역사와 추억을 간직한 노포라는 공간 속에서 여러분들 또한 이 책과 함께 인생 한 컷의 추억을 만드셨으면 좋겠습니다.

이제 김사원이 좋아하는 건배사 다함께 외치고 다음 장으로 넘어가보겠습니다.
"거국적으로"

2024년 8월의 어느 날,
김사원세끼 올림

즐거운 노포 투어를 위한
이 책의 사용법

호불호가 없는 식당은 이 세상에 단 하나도 없습니다. 방송에서 맛있다고 난리인 집들, 수 시간 동안 겨우 기다려야 먹을 수 있는 유명한 집들을 직접 가보았을 때 혹시 실망한 경험을 해보신 적 없으신가요? 남들은 다 맛있다는데, 내가 문제인가? 아닙니다. 사람마다 입맛과 기준이 다르기 때문입니다.
물론 이 책에서 소개하는 115여 곳의 식당 중에서도, 여러분들의 취향에 맞지 않는 식당이 분명 존재할 겁니다. 그렇다면 어떻게 하면 실패 확률은 낮추고, 성공 확률은 높일 수 있을까요?
제가 수많은 식당들을 방문할 때 가장 참고를 많이 하는 건 다른 사람들의 후기입니다. 이때 많은 사람들의 다양한 후기들을 볼수록 좋습니다. 저 같은 경우에는 식당 방문 전에 마치 직접 가본 느낌이 들 정도로 후기들을 많이 보고 갑니다. 물론 후기들이 많이 없는 식당들의 경우엔 실패의 리스크가 조금 큽니다만, 다행히도 이 책에 수록된 식당들은 제가 유튜브에 소개한 후에 많은 후기가 올라와 있습니다.

다음의 로직을 참고해보신다면, 이 책을 조금 더 확실하게 즐기실 수 있습니다.

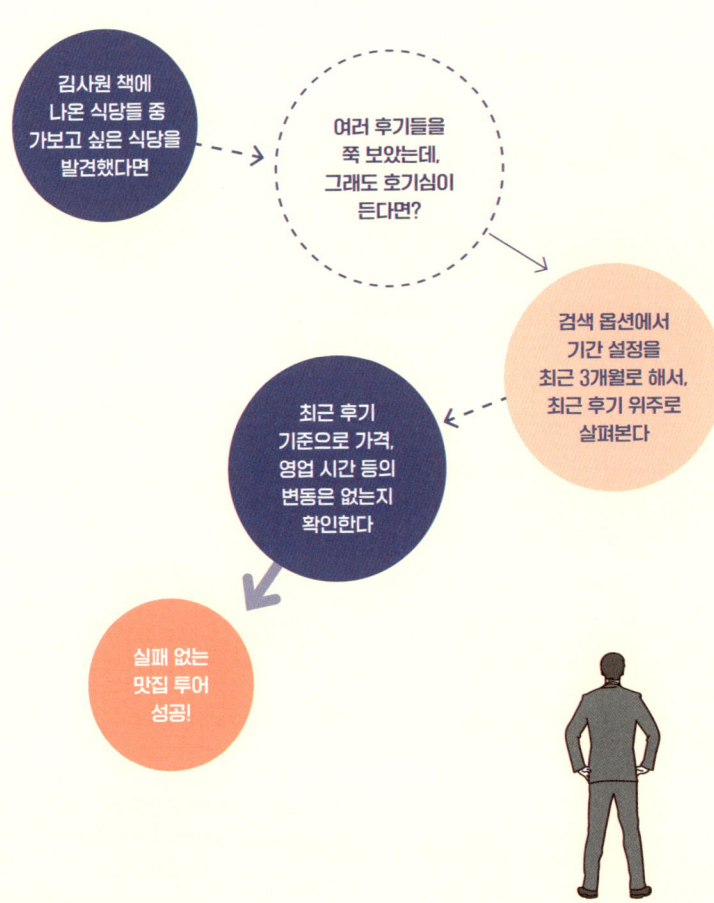

김사원의 조언!

개인적으로 카카오맵 리뷰는 신뢰하지 않습니다. 왜냐하면 카카오맵 후기는 인증이 필요 없어서 대체적으로 부정적인 후기들이 많기 때문입니다. 그에 반해 네이버는 영수증 혹은 결제 내역이 있어야 후기를 작성할 수 있어서 그나마 낫습니다. 물론 어디에나 허점은 존재하므로 영수증 리뷰도 조작이 100% 없는 것은 아닙니다. 그래도 객관적이고 신뢰할 수 있는 정보를 얻기 위해서는 네이버가 카카오맵 후기보다 낫다고 말씀드릴 수 있습니다. 마지막으로 이 책을 읽기 전에 몇 가지 알림 사항이 있습니다.

일러두기

∨ 운영 시간과 메뉴 가격은 2024년 8월 말 기준으로 작성했습니다. 가격이나 운영 시간이 바뀔 경우를 대비해 가게 정보 QR코드를 삽입했습니다. 브레이크 타임이나 마지막 주문 시간 등은 따로 기재하지 않았으니 방문하시기 전, 반드시 QR코드를 스캔해보고 가시기 바랍니다.

∨ 노포이기 때문에 현재 없어진 곳도, 이전한 곳도 있습니다. 하지만 기억 속에 자리 잡은 노포를 추억하기 위해 사라진 곳도 빠짐없이 기록했습니다. 이전한 곳의 사진은 과거의 사진으로 기록했으므로 책을 읽으면서 타임 슬립도 무리 없습니다.

∨ since를 기록했으나, 오래된 노포의 특성상 이모님의 기억이 모두 달라 그 중 가장 확실한 정보를 기재했습니다.

∨ 맞춤법을 준수하고자 했으나, 김사원세끼의 말맛을 살리고자 살벌하게, 오지게 등 다수의 표현은 그대로 사용했습니다.

∨ 가게 순서는 지역별, 가나다라 순으로 정리했습니다. 바로 지하철을 타고 떠나고자 하시는 분은 'INDEX 1 지하철 노선도 노포 지도'로 이동하시기 바랍니다.

차례

프롤로그 반갑습니다 세끼 먹는 김사원, 김사원세끼입니다 • 6
즐거운 노포 투어를 위한 이 책의 사용법 • 10

종로구 & 성북구

고바우 ········· 20	이경문순대곱창 ········· 38
광주식당 ········· 22	일번지 ········· 40
대하식당 ········· 24	장군굴보쌈 ········· 42
백부장집 닭한마리 ········· 26	종로찌게마을 ········· 45
백제정육점 ········· 28	찬양집 ········· 48
서울식당 ········· 31	돈가래 ········· 50
서촌계단집 ········· 34	옛날중국집 ········· 53
ESSAY	우정초밥 ········· 55
본캐는 회사원 부캐는 김사원 ·· 37	

용산구 & 중구

- 고가길구공탄 ······················ 60
- 남영돈 ······························ 62
- 한길포장마차 ······················ 64
- 나드리식품 ························ 66
- 다동황소막창 ···················· 68
- 대원식당 ··························· 70
- 막내회집 ··························· 72
- 맛있는삼겹살 ···················· 75
- 사랑방칼국수 ···················· 78
- 산불등심 ··························· 80
- 스담 ································· 82
- ESSAY 취향을 찾아가는 여정 ······ 84
- 연길반점 ··························· 85
- 영덕회식당 ······················· 87
- 우리슈퍼 ··························· 90
- 청해 ································· 92
- 충무로쭈꾸미불고기 ············ 95
- 필동해물 ··························· 98

마포구 & 은평구 & 서대문구

- 강동원 ···························· 102
- 만두란 ···························· 104
- ESSAY 김사원이 유튜브를 한 계기는? ·· 106
- 목포식당 ························· 107
- 바다회사랑 ······················ 110
- 서산꽃게 ························· 113
- 영광보쌈 ························· 116
- 옛맛서울불고기 ················ 119
- 원조마포껍데기집 ············· 121
- 소야일식 ························· 123
- 중국소흘 ························· 125
- 만냥하우스 ······················ 128
- 아저씨네낙지찜 ················ 130
- 왕포수산 ························· 133
- 이품 ······························· 135

동대문구 & 성동구 & 광진구

- 간판 없는 순댓국집 ········· 140
- 고흥아줌매 ················· 143
- 남도보쌈파전 ··············· 146
- 다퍼줘 ····················· 148
- 영화장 ····················· 150
- 우일식당 ··················· 152
- 이문동그집 ················· 154
- 만물슈퍼 ··················· 156
- 소나무 ····················· 158
- 조개도 ····················· 161
- 행복한식당 ················· 164
- 훼미리손칼국수보쌈 ········ 166
- 남한강민물매운탕 ··········· 169
- 새맛식당 ··················· 171
- 송림식당 ··················· 173
- 안주나라 ··················· 175

ESSAY
- 김사원의 촬영 방법 ········· 178
- 울돌목주먹고기 ············· 179
- 이신돈해물삼합 전문점 ······ 181

강남구 & 서초구 & 송파구 & 강동구

- 김수사 ····················· 186
- 박서방순대국밥 ············· 188
- 신동궁감자탕 ··············· 191
- 역삼동북어집 ··············· 193
- 연스시 ····················· 195
- 풍년집 ····················· 198
- 호남식당 ··················· 201
- 서래이모네맛집 ············· 203
- 가보자식당 ················· 206
- 벼락가우리 ················· 208
- 계절식당 ··················· 211
- 세꼬시 ····················· 213
- 오징어참치 ················· 215
- 인생횟집 ··················· 218
- 태양수산 ··················· 220

관악구 & 금천구 & 동작구

기절초풍왕순대 ················ 224
신풍루곱창구이 ················ 226
청송산오징어 ···················· 228
행운동조개 ······················· 231

전주식당 ··························· 233
상도실내포장마차 ············ 236
흑산도소라 ······················· 238

영등포구 & 강서구 & 양천구

대한옥 ······························ 242
부일숯불갈비 ···················· 245
중앙참치 ··························· 248
화목순대국 ······················· 250

원조나주곰탕 ···················· 252
원조수구레 ······················· 255
옛날마차 ··························· 257

강북구 & 도봉구 & 중랑구

마포감자국 ······················· 262
인수재 ······························ 265
지우정 ······························ 268
황주집 ······························ 271

즐거운술상 ······················· 274
용마해장국 ······················· 277
한국횟집 ··························· 279

번외 VER 1. 지방 편

대전

광천식당 ························· 283
다리위오징어 ··················· 286
태평소국밥 ······················ 288

부산

로타리양곱창센타 ············ 292

새총횟집 ························· 295
왔다식당 ························· 297

여수

동서식당 ························· 300
로타리식당 ······················ 302
주연참숯갈비 ··················· 305
한꾼에88 ························· 307

번외 VER 2. secret place

유튜브에 소개하지 않은 김사원의 단골 맛집

두리식당 ························· 311
모아식품 ························· 313

코야키친 ························· 315
하루스시 ························· 317

INDEX 1. 지하철 노선도 노포 지도 · 319
INDEX 2. 메뉴별 가게 찾아보기 · 323

종로구 & 성북구

고바우
광주식당
대하식당
백부장집 닭한마리
백제정육점
서울식당
서촌계단집
이경문순대곱창
일번지
장군굴보쌈
종로찌게마을
찬양집

돈가래
옛날중국집
우정초밥

퀄리티, 고기 맛, 정감 가는 분위기, 모든 걸 갖춘 노포의 품격
고바우

| 소고기 |

주소 서울시 종로구 지봉로 14
찾아 가기 동묘앞역 5번 출구에서 도보 13초 거리
운영 시간 월요일-토요일 11:00~22:00
주요 메뉴 및 가격 한우1⁺⁺ 등심 200g: 35,000원 / 생삼겹살 200g: 18,000원 / 가브리살 200g: 18,000원

등심을 주문하면 한우1⁺⁺ 살치살 부위도 같이 내어주신다고!?

이 집은 외관에서 뿜는 아우라부터 압권입니다. 간판도 간판이지만, 문에 붙은 글씨체만 보더라도 그동안 고기가 무지막지하게 썰려나갔을 것만 같은 아주 살벌한 광경.

40년도 훌쩍 넘은 업력의 오래된 고깃집이지만, 수준 높은 고기의 퀄리티가 놀랄 노 자입니다. 투뿔 한우의 합리적인 가격도 놀랍지만 200g의 양으로 내어주시는 점에서 상당히 감사한 집이라고 할 수 있습니다.

게다가 이 집에서는 등심을 주문하면 살치살 부위도 같이 내어주십니다. 살치살이 윗등심에 붙어 있다 보니 그냥 같이 내어주신다고 하는데요. 환상적인 마블링을 영접하면 퀄리티의 훌륭함에

수준 높은 고기의
퀄리티가 놀랄 노 자!

감격스러움을 금할 수 없습니다.

소고기뿐만 아니라, 돼지고기의 퀄리티도 상당합니다. 삼겹살은 오겹 느낌으로다가 비계가 주는 쫀득함이 너무나도 좋고요. 가브리살 또한 고소한 풍미와 육즙이 팡팡 터져 으뜸입니다. 마무리로 자투리 소고기가 듬뿍 들어간 구수한 된장찌개까지 먹으면 완벽한 구성입니다.

솔직히 외관만 봤을 때는 고기의 상태를 도저히 기대할 수가 없는 곳인데, 미친 퀄리티의 고기를 내어줄 줄은 상상도 못한 집.

이렇게 상상도 못할 일이 지금 동묘앞에서 일어나고 있습니다.

#인생한우집 #가성비오집 #진정한노포

김사원's note

- 진정한 노포의 품격을 느낄 수 있는 훌륭한 고깃집!
- 밑반찬으로 나오는 고추장아찌가 너무나도 맛있습니다. 기름진 소고기가 물릴 때쯤 밥과 같이 먹기 좋습니다.
- 등심의 떡심 부위는 한참이나 씹어 먹는 부위이기 때문에, 반드시 같이 간 사람에게 맛있는 부위라고 하면서 건네주는 게 맞습니다. 그 시간에 멀쩡한 부위 세 점은 더 먹을 수 있습니다.

할아버지들도 줄 서서 먹는 집이 있다고!?

광주식당

| 동태탕 |

주소 서울시 종로구 지봉로2길15
찾아 가기 동묘앞역 5번 출구에서 도보 5초
운영 시간 화요일-금요일 08:00~15:30, 토요일-일요일 08:00~16:00
주요 메뉴 및 가격 동태탕: 8,000원

거룩한 국물 맛!
오직 단일 메뉴 하나로 골목을 평정한 집

동묘는 서울에서 가장 이색적이면서도 정감 가는 동네가 아닐까 합니다. 많은 사람들이 동묘는 서울 안의 또 다른 세상이라고 표현하는데요. 골목골목마다 저마다의 특색이 있습니다. 그중에는 동태탕 골목이 있습니다. 이 골목에는 여러 집들이 있지만, 7080형님들이 유독 한곳에만 길게 늘어선 모습을 목격할 수 있습니다. 오직, 한 그릇을 위한 소울이 담긴 기다림이라고 볼 수 있습니다.

메뉴는 동태탕 오직 단 하나. 착석과 동시에 내어주시는데 사실상 1.5인분 그 이상이라고 봐도 될 정도로 넉넉한 시장 인심을 느낄 수 있습니다. 국물부터 살짝 떠먹어보면 감탄사가 터집니다. 텁텁함이 일

텁텁함이
일절 느껴지지 않아
사우나에 버금가는 맛!

절 느껴지지 않아 깔끔하면서 사우나에 버금가는 개운함을 느낄 수가 있고요. "어우~" "아오~" 여기저기서 곡소리가 들려오는데, 전날에 마신 술이 깨는 건 물론이고 내일모레 먹을 술까지 미리 깰 것 같은 맛입니다. 푹 익혀 흐물흐물해지기 직전의 무부터 쫀쫀한 동태의 살점까지 한 그릇 안에서 환상적인 하모니를 이룹니다.

반주를 참을 수 없는 너무나도 멋진 식당. 이곳은 동묘의 '광주식당'입니다.

#동묘맛집 #동태탕맛집 #서울의또다른세상

김사원's note

- 김사원 채널 콘텐츠의 영감이 되는 영감 많은 동네.
- 절정의 거룩한 국물 한입을 맛볼 수 있는 집.
- 식당 외부는 뭐 이런 데가 있나 싶으시겠지만, 음식만큼은 사장님이 엄격히 관리하셔서 위생도 맛도 상당히 깔끔한 곳.

since 1997

고즈넉한 서촌에 오래된 삼겹살 맛집
대하식당
| 삼겹살 |

주소 서울시 종로구 자하문로7길 27
찾아 가기 경복궁역 2번 출구에서 도보 6분 거리
운영 시간 월요일-토요일 16:00~22:00
주요 메뉴 및 가격 삼겹살 600g: 40,000원

묵은지가 오지게 맛있는 솥뚜껑 삼겹살집

간판만 봤을 때는 내일모레 간판이 쓰러져도 이상할 게 없는 외관입니다. 그치만 여기는 도축한 지 얼마 안된 아주 신선한 고기를 파는 맛집인데요. 이곳은 손님 대부분의 드레스 코드가 등산복인 그야말로 아재들의 소굴입니다. 식당 근처에 인왕산이 있어 하산과 동시에 입장하는 코스라고 볼 수 있겠습니다.

이제, 삼겹살을 주문해봅니다. 묵은지와 함께 파절임, 쌈 채소들까지 한 상 거하게 내어주시는데 기본기가 탄탄한 삼겹살의 정석입니다. 고기는 사실

상 며칠 전에 뛰어놀던 돼지를 때려잡은 거라 완전히 육질이 살아 있습니다. 참고로 항상 가게 앞에 도축일을 적어놓습니다. 여기에다 기본 서비스로 된장찌개가 나오는데, 구수하면서도 청양

며칠 전에 뛰어놀던
돼지를 때려잡은 거라
완전히 육질이 살아 있습니다

고추가 송송 들어가 있어 칼칼함이 느껴지는 옛날 스타일의 국물 맛이 일품입니다.

솔직히 산에 갔다가 먹으면 뭘 먹어도 맛있는데요. 여기서 꿀팁 하나 나갑니다. 등산하는 게 싫으신 분들은 등산복이라도 입으시면 됩니다. 입맛이 살아나는 매직 슈트라고 볼 수 있고요.

맛깔난 묵은지와 질 좋은 고기를 저렴하게 먹을 수 있는 집. 옛 추억을 고스란히 느낄 수 있는 멋진 식당 분위기까지. 이곳은 서촌의 명물 '대하식당'입니다.

#솥뚜껑삼겹살 #묵은지맛집 #서촌맛집

김사원's note

- 인왕산부터 서촌의 대하식당까지가 완벽한 등산 코스입니다.
- 식당 안 벽면을 자세히 보시면 삼겹살을 맛있게 굽는 법과 재미난 추억의 사진들이 많으니 구경하는 것도 묘미입니다.

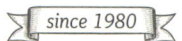

닭한마리계의 꼰대
백부장집 닭한마리
| 닭한마리 |

주소　서울시 종로구 삼봉로 100-1
찾아 가기　종각역 2번 출구에서 도보 2분 거리
운영 시간　월요일-토요일 11:00~22:00
주요 메뉴 및 가격　닭한마리 2인: 28,000원

맛에 있어 소통과 타협을 일절 안 하는 부장님네 집

그동안 물에 빠진 닭은 삼계탕밖에 몰랐습니다. 사실 제 고향 친구들에게 닭한마리를 먹자고 하면 어디 치킨 집 가서 닭 one 마리를 주문하는 걸로 이해합니다. 그만큼 '닭한마리'라는 메뉴는 서울에서 처음 접해본 다소 생소한 음식인데요.

이번에 소개할 음식은 종로에서 정평이 나 있는 닭한마리 맛집, 백부장집입니다. 일단 부장이라면 멈칫하고 보는 저로서는, 상당히 들어가기 싫은 간판이라고 볼 수 있겠습니다.

입장과 동시에 이 근처 회사 부장님들이 정확히 자리하고 있는 광경을 목격할 수 있었고요. 그 사이에서 과감하게 닭한마리를 주문해봅니다. 기본 찬은 양념된 물김치가 나오는데 주변을 살펴보니

깔끔한 육수도 육수지만
고기 자체가 정말 맛있습니다.
재료 본연의 맛으로 승부 보는 집.

이걸 넣어서 끓여 드시는 분들도 많았습니다. 드디어 찍어 먹는 양념장과 함께 닭한마리가 등장합니다. 이 집은 깔끔한 육수도 육수지만 고기 자체가 정말 맛있습니다. 재료 본연의 맛으로 승부 보는 집이라고 볼 수 있는데, 살코기가 정말 부드럽습니다.

닭한마리를 다 먹고 난 뒤 국수사리와 죽 코스까지, 한국인의 밥상을 제대로 체험하실 수 있습니다. 재료는 간단한 것 같은데, 맛은 너무나도 확실한 집. 이곳은 맛에 있어 소통과 타협이 일절 없는 '백부장집'입니다.

#닭한마리맛집 #종각맛집 #닭맛집

김사원's note

- 'Simple is best'의 정석을 보여주는 맛집.
- 단골들은 파 사리를 꼭 추가해서 먹는 것이 국룰!

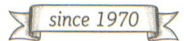

가성비가 폭우 수준으로 내리는 집입니다

백제정육점

| 육회, 차돌박이 |

주소 서울시 종로구 종로35길 34
찾아 가기 종로5가역 4번 출구에서 도보 7분 거리
운영 시간 월요일-토요일 10:00~21:40
주요 메뉴 및 가격 차돌반+육회반 500g: 52,000원 / 모둠(차돌박이+등심 500g): 50,000원

차돌박이로 육회를 싸 먹는 집

노포를 좋아하시는 독자라면 서울의 종로는 반드시 거쳐가야 하는 아주 살 발한 동네입니다. 만일 접해보지 않으셨더라면 반드시 방문을 해보셔야 할, 방문을 할 수밖에 없는 지역이라고 볼 수 있습니다. 아마도 이 책에서 지분이 가장 많은 동네가 아닐까 싶은데요. 그만큼 종로라는 지역은 서울 의 대표적인 노포 성지입니다.

이번에 찾아가볼 식당의 이름은 '백제정육점'. 종로5가 인근에 위치해 있습 니다(참고로 종로3가에도 유사한 식당이 있지만, 저는 종로5가에 있는 식 당으로 방문했습니다). 종로에서 육회 하면은 광 장 시장의 육회 골목이 유명한데요. 백제정육점 은 이곳만큼이나 유명하면서도 가성비 측면에서 는 앞서는 집입니다.

차가운 육회를 잘 구워진
뜨거운 차돌박이로
감싸 안아주는
그야말로 물불 안가리는 조합.

방문하시는 인원에 따라 주문하시는 양이 다르겠지만, 두 명이서 방문하시면 차돌반, 육회반 조합인 반반 메뉴로 출발해보시면 되겠습니다. 곧이어 등장하는 육회 한 접시의 양이 상당합니다. 위에 노른자를 하나 올려주시는데 육회의 양이 너무 많아 노른자 하나로는 택도 없어 보입니다. 얇게 채를 썬 배와 함께 달달한 마늘 양념으로 버무려진 육회 맛은 술맛을 자극하기에 너무나도 좋습니다.

하지만 여기는 육회를 이렇게 평범하게 집어 먹게 놔둔 집이 아닙니다. 함께 나온 차돌박이를 구워서 차돌박이 안으로 육회를 싸서 먹는 특별한 조합이 아주 기가 막히는데요. 차가운 육회를 잘 구워진 뜨거운 차돌박이로 감싸 안아주는, 그야말로 물불 안 가리는 온도 조합이 입안에서 어우러져 환상적인 티키타카를 만들어냅니다. 기름진 차돌박이가 차가운 육회를 녹여주면 술잔을 채울 수밖에 없습니다.

그리고 단돈 2천 원의 양념 밥을 주문해봅니다. 여기에 남은 육회를 넣어서 비벼 드시면 육회비빔밥을 가성비 좋게 끌어가실 수 있습니다. 게다가 셀프로 가져올 수 있는 설렁탕 국물에 후추와 소금 양념을 하시고 밥과 같이 드시면 정식 세트가 따로 없습니다. 2천 원으로 만들 수 있는 조합 중 가장 훌륭하다고 볼 수 있습니다.

반드시 집에 들어가시는 길에 오늘 밥 오지게 잘 먹었다고 친구들에게 소문내시기 바랍니다.

#산더미육회 #가성비맛집 #차돌박이필수

김사원's note

- 백제정육점. 저는 앞으로 이 집 사장님을 근초고왕이라고 부르겠습니다.
- 청양고추를 따로 요청하셔서 육회 위에 올려 드시면 느끼함을 잡아줘서 더 맛나게 드실 수있습니다.

since 1978

하나만 시켜도 3개가 나오는 집

서울식당

| 육우등심, 볶음밥, 사골 국수 |

주소 서울시 종로구 효제동 124-1
찾아 가기 종로5가역 5번 출구에서 도보 8분 거리
운영 시간 월요일-토요일 16:00~21:00
주요 메뉴 및 가격 등심 1인분: 19,000원

드라마 속에서만 보던 식당을
현실에서도 경험할 수 있습니다

넓디넓은 종로 바닥에서도 저 김사원이 손에 꼽을 정도로 좋아하는 집이 있습니다. 오직 단일 메뉴 등심 하나만 파는 집. 여기는 종로5가역 인근 효제동에 위치한 무려 46년 업력의 '서울식당'입니다.

간판부터 진짜 옛날 서울 분위기가 느껴집니다. 식당 앞에는 언제나 정겨운 자전거 한 대가 반쯤 쓰러진 채로 주차되어 있는데요. 여러분들이 방문하셨을 때도 자전거가 있는지 확인해보시는 것도 재밌을 겁니다.

식당 문을 열고 들어가면 아주 오래전 시골집에서나 볼 법한 푸근한 풍경이 펼쳐집니다. 모두 좌식 형태라 방바닥에 앉아서 드셔야 하는 점은 감안하셔야 합니다.

씹을수록 고소한 맛이
올라오는 게
육질 또한 부드럽고
기가 막힙니다.

이 집의 등심은 국내산 육우입니다. 여기서 짧게 부연 설명을 하자면, 국내산 소고기는 육우와 한우로 나뉘는데 육우는 흔히 말하는 얼룩소의 종류입니다. 물론 마블링이 촘촘히 나 있는 한우가 인기가 많은 만큼 가격도 비쌉니다. 그에 비해 육우는 저렴한데요. 그렇다고 해서 육우가 맛이 없는 품종은 절대 아닙니다. 오히려 고기 향도 풍부하고 담백해서 육우를 좋아하는 사람들도 정말 많습니다.

육우에 대한 편견을 가지고 있으신 분들은 더욱이 이 집을 찾아야 할 이유가 있습니다. 육우는 씹을수록 고소한 맛이 올라오는 게 육질 또한 부드럽고 기가 막힙니다. 오히려 마블링이 적어 느끼하지 않고 많이 먹어도 물리지 않는다는 장점도 있습니다(고급진 마블링이 짙은 투뿔 한우에 길들여진 분들께도 추천드리고 싶습니다).

고기를 먹다가 도중에 국수를 요청하면 내어주십니다. 진한 고기 국물에 소면을 푸짐하게 담아주십니다. 국물에서는 깊은 갈비탕 맛도 나면서 후추의 향이 강하게 올라오는데 술과 곁들이기에 아주 좋습니다.

고기 국수를 후루룩 먹다가 이번에는 볶음밥을 요청해봅니다. 시간이 조금 걸리긴 합니다만, 곧 이어서 한 판 가득 아주 맛깔스러운 파절임 볶음밥이 나옵니다.

여기서 잠깐, 이게 다 메뉴판에 있는 메뉴인가요? 아닙니다. 이 집은 단일 메뉴로 등심 하나만 파는 집입니다. 하나만 시켜도 3개가 나오는 집. 국수와 볶음밥은 서비스로 나오지만, 서비스라는 표현이 무색할 정도로 훌륭합니다.

너무나도 알차고 기분 좋은 식사를 할 수 있는 곳. 무엇보다 노부부 사장님의 따스한 인심과 친절을 느낄 수 있어, 누구나 여기서는 행복한 하루를 만들 수 있습니다.

#가성비최고 #육우등심 #효제동맛집

김사원's note

- 서울에서 정말 서울스러운 식당을 찾고 있다면 이곳!
- 고기를 몇 점 남겨서 꼭 국수와 함께 싸 먹자.

※ 안타깝게도 이곳은 현재는 문을 닫아 소중한 노포의 추억으로 남겨둡니다.

서울 사람이면 다 아는 집
서촌계단집
| 해산물 |

주소 서울시 종로구 자하문로1길 15
찾아 가기 경복궁역 1번 출구에서 도보 4분
운영 시간 매일 13:00~23:00
주요 메뉴 및 가격 홍새우회: 29,000원 / 새조개: 39,000원 / 참소라: 35,000원 / 해물라면: 7,000원

해산물을 좋아한다면 여기를 모를 수가 없습니다

서울에서 낮술 하면 가장 먼저 떠오르는 동네로 서촌을 꼽겠습니다. 서촌에는 '계단집', '안주마을' 등 낮술 성지라고 불리는 식당들이 많습니다. 그 이유는 저녁에 오면 워낙 줄이 길어서 대낮부터 한잔하지 않으면 먹기 힘든 집이기 때문입니다.

이곳에서는 당일 산지에서 배송되는 싱싱한 해산물들을 안주로 먹을 수 있는데요. 홍새우회부터 새조개, 학꽁치, 황가오리회 등 서울에서 보기 힘들고 흔치 않은 메뉴들을 접할 수 있다는 점에서 아주 귀한 집이라고 볼 수 있습니다.

앉자마자 서비스로 홍합탕 한 바가지를 실하게 퍼다 주십니다. 뽀얗고 진한 국물 맛 덕분에 술맛이 제대로 올라옵니다. 개인적으로 추천하는 메

홍새우회부터 새조개, 학꽁치, 황가오리회 등
서울에서 보기 힘들고 흔치 않은 메뉴들을
접할 수 있다는 점에서
아주 귀한 집이라고 볼 수 있습니다.

가성비 미친
해물라면은 반드시 주문!

뉴는 사이즈부터가 남다른 남해안 참소라회, 고소하면서 탱글한 맛의 새조개, 그리고 살점의 단맛이 너무나도 녹진했던 홍새우회를 꼽겠습니다. 사이드로 해산물이 오지게 들어간 7천 원짜리 해물라면은 반드시 주문하시는 게 맞습니다. 각종 조개와 대왕 꼬막이 들어가 가성비 미친 메뉴라고 볼 수 있습니다.

해산물을 좋아하시는 분이라면 연차를 쓰고라도 꼭 가야 하는 집입니다. 일반적으로 직장인들이 연차를 쓰는 이유는 주로 여행을 가기 위해서인데요. 그렇지 않을 때 쓰는 연차를 아깝게 생각하는 경향이 있습니다. 그러나 이곳 서촌도 여행지입니다. 기차 타고 여행 가서 술을 먹으나, 지하철 타고 경복궁역 서촌으로 가서 한잔하나 다를 게 없다는 말씀. 이 또한 훌륭한 여행이 될 수 있습니다.

그럼, 여행 잘 다녀오시기 바랍니다.

#서촌맛집 #해산물맛집 #낮술맛집

김사원's note

- 전국 각지의 싱싱한 제철 해산물을 서울에서 먹을 수 있는 귀한 집!
- 이곳을 줄 서서 들어간 게 아니라면, 그날은 로또 사셔야 합니다.

본캐는 회사원
부캐는 김사원

매일 아침 지하철을 타고 출근을 합니다. 붐비는 출근길 지하철에서 옆자리에 계신 분이 제 영상을 시청하고 있는 광경을 볼 때면 기분이 참 묘합니다. 실제로 저는 지극히 평범한 대한민국 직장인 중 한 명, 김사원입니다. 아침에 일어나면 회사에 출근하는 삶을 살고 있는 그냥 흔한 사원입니다.

그러나 퇴근 후에는 어느덧 구독자가 42만 명이 넘은 유튜버, 부캐 김사원으로 또 다른 삶을 살고 있습니다.

이쯤되면 퇴사하고 본업으로 해도 되지 않냐고 물으시는데 저는 절대 퇴사를 하지 않을 겁니다. 유튜버가 본업이 되는 순간 노포에 가는 것도, 영상 편집을 하는 것도 더 이상 취미가 아니라 일처럼 느껴질 겁니다. 그럼 만들기 싫은 날도 억지로 영상을 만들어야 할 텐데, 과연 사람들에게 재미가 전달될까요? 온전히 콘텐츠를 만드는 걸 즐겨야 보시는 분들에게도 그만큼 즐거움이 전달되지 않을까요?

생계 수단이 되어버리면 맛집을 찾아다니는 것도 지금만큼 행복하진 않을 것 같습니다. 낮에는 본캐인 회사원으로서, 밤에는 부캐인 김사원으로서 살아가는 지금이 행복합니다.

남들이 "쉴 시간이 있냐, 바쁘지 않냐?"라고 묻지만 저에게는 유튜브 편집이 힐링이자 쉬는 시간입니다. 물론 취미 활동이 불러오는 삶의 활력으로 본업을 더 잘할 수 있는 건 덤입니다.

여기는 주당 양성소 같은 집입니다
이경문순대곱창
| 돼지곱창전골, 순댓국 |

주소 서울시 종로구 돈화문로11나길 5
찾아 가기 종로3가역 6번 출구에서 도보 2분 거리
운영 시간 월요일-토요일 11:30~22:30
주요 메뉴 및 가격 얼큰이순댓국: 9,000원 / 순대곱창전골 소: 30,000원

두 발로 걸어 나오면 기적

아무리 봐도 들어가고 싶지 않게 생긴 외관. 낡고 허름한 모습에 입장하기가 살짝 두렵기까지 합니다. 아마 입구에서 들어갈지 말지 망설여질 겁니다. 아주 정상적인 반응입니다.

식당 문을 열고 들어가면 외관에서 느껴지는 분위기와는 다르게 젊은 커플들부터 막 칼퇴한 부장님들까지 가득 차 있습니다. 그야말로 종로 힙스터들과 아재들이 공존하는 진풍경이 펼쳐집니다.

'이경문순대곱창.' 식당 이름에서부터 사장님의 성함을 건 집이라는 것을 알 수 있습니다. 참고로 '이경문'은 여 사장님의 성함입니다. 항상 넘치도록 푸짐하게 담아 내어주시는, 손이 무지하게 큰 분이십니다.

이 집은 국밥도 인기가 있지만 돼지곱창전골이 정말 유명합니다. 돼지곱창전골은 소곱창전골과는 다르게 돼지 특유의 잡내가 그윽하게 나서 반기는

음식은 아닙니다. 하지만 이곳 이경문순대곱창에서 심봉사마냥 돼지곱창전골 세계에 눈을 뜨게 되고, 돼지곱창전골에 대한 선입견을 깨부수었습니다. 전골을 주문하면 아주 큰 냄비에 순대와 곱창이 가득 담겨져 나옵니다. 중독적인 매콤한 맛의 양념이 입안을 가득 진하게 채웁니다. 칼칼한 국물을 떠먹는 순간, 소주를 안 마실 수가 없습니다. 소주를 못 드시는 분들도 이 집에서만큼은 용감해질 수 있습니다.

양은 어찌나 많은지 분명 소짜를 주문했는데 끝도 없이 나오는 혜자스러운 집입니다. 마무리로 참기름과 김가루를 넣어 셀프로 볶아 먹는 볶음밥까지 먹어주면 완벽한 풀코스입니다.

여기는 신규 업장들로 넘쳐나는 핫플레이스 익선동에서 우직하게 역사를 이어가고 있는 정감 있는 식당 '이경문순대곱창'입니다.

#종로3가맛집 #곱창전골 #술맛오짐

김사원's note

- 젊은이들로 가득 찬 핫플레이스 익선동에도 아재들이 갈 곳은 있습니다.
- 메뉴판에 없는 볶음밥을 꼭 시키자. 다만 셀프로 볶아야 하는 점 숙지.

없었던 사연도 생길 것 같은 술맛 살벌한 분위기
일번지
| 중식 |

주소 서울시 종로구 종로41길 10
찾아 가기 동대문역 10번 출구에서 도보 3분 거리
운영 시간 월요일-토요일 11:30~23:30
주요 메뉴 및 가격 고기튀김: 24,000원 / 짜장면: 6,000원 / 짜장면밥: 7,000원 /
우동: 7,000원 / 오뎅우동: 7,500원 / 송화단: 4,000원

살면서 처음 보는 스타일의 중식 포차

겉으로 보기엔 1970~80년대 홍콩 영화 속에서나 등장할 법한 외관. 이곳은 화교 출신의 사장님이 운영하시는 35년이 넘은 업력의 노포입니다.
가게 내부는 10석 정도의 카운터 석으로 이루어져 있습니다. 언뜻 보기에는 요즘 유행하는 오마카세 집 같은 느낌이지만 이곳은 일명, 중식 포차라고 보시면 됩니다. 정말 사연 있는 사람들만 와야 될 것 같은 분위기를 풍기는 곳으로 고된 일이 있을 때 술맛 제대로 느낄 수 있는 집이라고 보시면 됩니다. 저야 출근과 동시에 부장님과 아이 콘택하자마자 사연이 생기는 사람이기 때문에 제대로 찾아왔다고 할 수 있고요.

메뉴 구성은 짜장면과 우동 그리고 고기튀김 등으로 상당히 단출합니다. 앉자마자 웰컴드링크로 뜨끈한 오뎅 국물을 내어주십니다. 이어서 주

담백한 맛이
술안주를 하기에
더할 나위 없습니다.

문한 고기튀김이 나옵니다. 탕수육과 비슷하게 생겼지만 탕수육의 바삭한 느낌보다는 고소하면서 부드러운 느낌이 돋보입니다. 담백한 맛이 술안주를 하기에 더할 나위 없습니다. 이어서 짜장면밥을 주문해봅니다. 주문과 동시에 제면기를 이용해 그때그때 뽑아낸 생면으로 해주시는데, 소스 맛은 딱 옛날 짜장면 소스 그 맛입니다. 뭔가 즉석에서 해주시는 느낌이 코리안 기사 식당 스타일인데, 정종을 파는 걸 보면 일본식 이자카야 느낌도 나고요. 하지만 중요한 건 이 집은 중국집이라는 사실입니다. 사실상 한·중·일 합작의 하이브리드 식당이라고 볼 수 있고요.

맛만 놓고 보면 제가 다녀본 중식당들 중에서 우선순위는 아닙니다만, 이런 분위기에서는 그건 중요한 게 아닙니다. 하루의 고된 피로나 복잡한 사연을 풀어줄 수 있는 자그마한 공간에서 술맛 하나만큼은 살벌하게 올라온다면 무엇이 중요하겠습니까.

김사원's note

#중식포차 #고기튀김맛집 #동대문맛집

- 홍콩 영화 속 주윤발, 장만옥이 있을 것 같은 동대문의 노포 중식 포차.
- 달달한 소스에 찍어 먹는 탕수육도 좋지만, 소금과 후추에 찍어 먹는 담백한 고기튀김도 상당히 훌륭합니다.

※ 안타깝게도 이곳은 현재는 문을 닫아 소중한 노포의 추억으로 남겨둡니다.

서비스 살발한 보쌈 골목

장군굴보쌈

| 보쌈 |

주소 서울시 종로구 수표로20길 22
찾아 가기 종로3가역 15번 출구에서 도보 4분 거리
운영 시간 매일 11:30~23:00
주요 메뉴 및 가격 굴보쌈 소, 중: 29,000원, 38,000원

보쌈 + 굴무침 + 오징어볶음 + 감자탕을 2만 원대로 먹을 수 있다고!?

종로3가에는 보쌈 골목이 있습니다. 골목 안으로 들어가면 저마다의 특색이 있는 식당들이 줄지어 있는데요. 그중 '장군굴보쌈'이라는 식당으로 방문해보았습니다. 이곳은 단돈 2만 9천 원 하는 보쌈 소짜를 주문하면 보쌈에다 굴무침, 오징어볶음, 감자탕까지 모조리 서비스로 내어주는 그야말로 가성비가 미쳐버린 집입니다.

식당 안은 넓은 좌석이 마련되어 있는데 마치 마세라티에 탑승한 것 같은 강렬한 레드 시트의 의자로다가 구비되어 있습니다. 폭주할 것만 같은 위험한 승차감입니다.

보쌈 소짜를 주문하면 보쌈에다 굴무침, 오징어볶음, 감자탕까지 모조리 서비스로 내어주는 그야말로 가성비가 미쳐버린 집입니다.

우선 보쌈이 먼저 나옵니다. 삼겹살 부위로 살코기와 비계가 적절히 섞여 야들야들하고 맛이 좋습니다. 여기에 아삭한 무말랭이와 시원한 김치 그리고 굴무침까지 내어주시는데 배추에 싸 먹고 상추에 싸 먹고 다양한 조합으로 드시면 됩니다.

이어서 매콤한 오징어볶음이 나옵니다. 양념에서 은은한 불 맛이 느껴집니다. 서비스이지만 살이 아주 통통하고 푸짐합니다. 여기서 끝이 아닙니다. 감자탕까지 나오는데 국그릇에다 담아주시는 게 아니라 아예 버너와 함께 전골냄비 채로 제대로 내어주십니다. 그저 구색만 맞춘 사이드 메뉴가 아닙니다. 살점도 푸짐한데다 국물마저 칼칼한 게 아주 일품입니다. 술 마실 때 국물이 있고 없고의 차이는 마린에게 메딕이 있냐 없냐의 차이라고 보시면 됩니다.

이 정도면 혜자 누님도 소름이 돋을 가성비에다 보쌈집 하시는 원할머니도 퇴근하고 여기로 오실수준입니다.

보쌈 골목에는 장군굴보쌈 외에도 동태전을 서비스로 내어주는 '최부자보쌈', 생굴이 나오는 '삼해집' 등 각기 다른 매력이 있는 집들이 즐비합니다. 이번 편은 특정 식당만을 소개하기보다는 서울에도 이렇게 전통 있는 보쌈 골목이 있다는 것을 소개하고 싶습니다.

#종로3가맛집 #서울보쌈골목 #서비스최고

김사원's note

- 이만한 가성비가 또 있을까.
- 참고로 보쌈 골목에서는 삼해집(Since 1975)이 가장 오래된 원조 집입니다.

맞춤법이 고쳐지면 아쉬울 것 같은 집
종로찌게마을
| 대구뽈찜 |

주소 서울시 종로구 삼일대로30길 10-4
찾아 가기 종로3가역 5번 출구에서 도보 4분 거리
운영 시간 월요일-토요일 12:00~21:10
주요 메뉴 및 가격 뽈내장세트 2인, 3인, 4인: 40,000원 50,000원 60,000원

젊은 여성 분들도 아저씨 소리 내는 집

종로3가역 인근 익선동을 거닐다 보면 대놓고 맞춤법을 틀리고, 오랜 세월이 느껴지는 간판이 보입니다. 식당 이름은 '종로찌게마을'. 외관에서 느껴지는 식당의 파사드가 심상치 않은 기운을 풍깁니다.

가게는 1~2층을 함께 사용하고 있으며 계단이 꽤나 가파른 편이니 조심하시기 바랍니다. 제 경험에 의하면 여기는 여성 손님의 비율이 압도적으로 높습니다. 이유는 모르겠지만 떡볶이를 연상케 하는 새빨간 양념 때문이 아닐까 싶습니다.

이곳을 처음 방문한다면 모든 부위들이 나오는 뽈내장세트로 주문하시기를 추천드립니다. 알, 이리, 대구뽈찜이 모두 들어간 메뉴에 대구탕까지 드실 수 있는 메뉴입니다.

대구뽈찜은 살이 어찌나 튼실하게
붙어 있는지 감탄하던 찰나,
목으로 넘어가는 식감이 아주 부드러워서
자연스럽게 젓가락질에
속도를 내게 됩니다.

처음 깔리는 4첩 밑반찬부터 술을 한잔 기울이기 충분합니다. 간결하지만 반찬 하나하나가 밥도둑 스타일에다 간이 딱 좋습니다. 곧이어 메인 메뉴인 찜이 나오는데요. 접시 크기부터가 남다릅니다. 커다란 접시 위에 빼곡히 차 있는 음식들을 보시면 양이 엄청나서 미리 놀랄 준비를 해야 합니다. 정말 잘 먹는 친구와 갔었는데도 다 해치우기가 쉽지 않았습니다.

밑에 그득히 깔린 콩나물은 숨이 죽지 않아 식감이 참 좋습니다. 그 위로 매콤하면서 달달한 양념이 가득 덮힌 알과 이리를 집어 먹어봅니다. 참기름 향이 은은하게 올라오면서 고소한 맛이 좋습니다. 여기에 대구뽈찜은 살이 어찌나 튼실하게 붙어 있는지 감탄하던 찰나, 목으로 넘어가는 식감이 아주 부드러워서 자연스럽게 젓가락질에 속도를 내게 됩니다.

개운함의 끝을 찾아오셨다면 바로 여기가 종착지가 맞습니다. 이어서 나오는 맑은 대구탕 국물은 미나리와 청양고추도 큼직큼직하게 올라가 얼큰함을 극대화시킵니다. 소주가 어찌나 쭉쭉 들어가는지 식당 안에는 젊은 여성 손님 분들의 "크~~~" 하는 사운드가 사방에서 들려옵니다. 등산 후 막걸리 한 사발을 쭉 들이키시는 저희 아버지를 뵙는 줄 알았습니다. 감히 뒤돌아서 얼굴을 쳐다보진 않았지만 분명 굵은 수염이 나 있을 것 같습니다. 이제는 간판의 맞춤법이 제대로 바뀌면 아쉬울 것 같은 집. 앞으로도 변함없이 식당이 지금처럼 존재해주길 바라는 마음입니다. 푸짐한 인심과 맛깔나는 양념의 술 도둑 조합을 즐길 수 있는 여기는 익선동의 '종로찌게마을'입니다.

#양념맛집 #양진짜많은집 #종로3가맛집

김사원's note

- 맞춤법이 고쳐지면 아쉬울 것 같습니다. 이대로 있어주길….
- 남은 거 포장해달라고 하시면 흔쾌히 해주십니다.

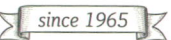

한 그릇에 20원 할 때부터 현존하는 최고의 해물칼국수 집
찬양집

| 해물칼국수 |

주소 서울시 종로구 돈화문로11다길 5
찾아 가기 종로3가역 4번 출구에서 도보 3분 거리
운영 시간 월요일-토요일 10:00~21:00
주요 메뉴 및 가격 해물칼국수: 9,000원 / 고기만두, 김치만두: 9,000원 / 반반만두: 9,000원

행군 후에 먹은 사발면과 같은 급의 칼국수 한 그릇

무려 1965년 당시 한 그릇 가격이 20원일 때부터 현존하는 집. 이곳은 종로 3가에 위치한 찬양집입니다. 실내는 세월의 흔적을 고스란히 간직했다고 볼 수 있을 정도로 예스러움이 녹아 있습니다. 칼국수 한 그릇 후루룩 때리기에 너무나도 좋은 풍경입니다.

메뉴는 고민할 필요가 없는 게 해물칼국수와 손만두 단 2가지입니다. 단출한 메뉴를 가졌다는 점에서 내공이 느껴진다고 봐야 합니다.

곧이어 해물칼국수 한 그릇과 플라스틱 바가지가 함께 따라 나옵니다. 홍합과 바지락이 워낙 실하게 들어가서 껍데기를 담으라고 같이 내어주십니다.

경건한 마음으로 국물부터 들이켜봅니다. 해물 맛이 어찌나 깔끔하게 느껴지는지 상당히 시원

해물 맛이 어찌나
깔끔하게 느껴지는지
상당히 시원합니다.

합니다. 면발 또한 상당히 오동통한 느낌이라 우동 면발에 가깝다고 볼 수 있습니다. 이제 겉절이와 함께 면을 들어 올려봅니다. 사실상 김치 맛집이라고 봐도 됩니다(예전에는 겉절이와 익은 김치 2가지가 있었는데 현재는 겉절이만 있습니다).

눈 내리는 추운 겨울날 이 집에서 맞이한 해물칼국수 한 그릇은 절대 잊을래야 잊을 수가 없습니다. 저에게는 거의 군대에서 먹은 사발면급이라고 볼 수 있습니다.

#종로맛집 #해물칼국수맛집 #눈내리는날강추

김사원's note

- 김사원이 서울에서 가장 좋아하는 칼국수 집.
- 면 리필도 가능한 집! 리필된 면 일부는 양념장만 넣고 비벼 비빔면으로 먹는 것도 별미.

since 1991

서울에 이런 집이 숨어 있었다고!?

돈가래

| 돼지 목살 |

주소　서울시 성북구 성북로2길 56 1층
찾아 가기　한성대입구역 7번 출구에서 도보 6분 거리
운영 시간　화요일-토요일 17:00~22:00
주요 메뉴 및 가격　목살 200g: 19,000원

오직 메뉴 하나로 34년을 지켜온 집

서울에서 평화롭고 고즈넉한 동네로 손꼽히는 성북동. 이곳에는 메뉴 단 하나만으로 30년도 넘게 장사해온 집이 있는데요.

세월의 흔적이 느껴지는 멋스러운 간판부터가 발걸음을 당기게 합니다. 식당 앞에서 바라보면 창문을 활짝 연 모습에 마치 오픈카에 탑승한 느낌으로다가 선선한 바람을 맞으며 입장하실 수 있습니다.

메뉴는 돼지 목살 단 하나입니다. 메뉴 구성이 자신감 넘치는 맛집의 정석이라고 볼 수 있고요. 단출하지만 임팩트 있는 밑반찬 구성과 함께 퀄리티  가 매우 좋은 숯불이 나오는데 이 식당의 모든 신경을 오직 이 목살만을 위해 집중시켰다고 볼 수 있습니다. 목살의 실물을 보면 살점과 지방층의 환상적인 비율로 좋은 원육임을 단숨에 알아차

목살의 담백함은
기본적으로 탑재된 상태에서
쫀득하게 씹는 맛이
참으로 좋습니다.

릴 수 있습니다.

강력한 화력 위로 숯불 향이 잘 입혀진 목살 한 점을 소금에다 살짝 찍어 먹어봅니다. 입안에서 느껴지는 돼지 목덜미의 아주 경건한 움직임에서 한가득 육즙을 느낄 수 있는데요. 목살의 담백함은 기본적으로 탑재된 상태에서 쫀득하게 씹는 맛이 참 좋습니다. 씹는 리듬에 맞춰 거국적으로 술잔을 부딪치는 게 맞고요.

이어서 공깃밥을 주문하시면 아주 걸쭉한 콩비지찌개가 서비스로 나옵니다. 밥 위로 한 움큼 퍼다 올려서 쓱싹 비벼 먹어주면은 레전더리 꿀맛이 따로 없습니다. 최소 무인도에서 6박 7일은 굶은 거마냥 헐레벌떡 해치울 수밖에 없었고요. 이 정도면 구조도 필요 없습니다.

비록 단출한 메뉴 구성이지만, 이 집에서 나오는 음식들의 장단이 너무나도 조화로워서 선택과 집중이 확실한 집이었습니다.

사실 이 집이 알려지지 않은 데에는 비하인드 스토리가 있습니다. 사장님께서 그동안은 식당이 유명해지는 게 싫어서 블로그에 올라가는 걸 극히 싫어하셨습니다만, 현재는 시대에 흐름에 따라 허용(?)해주시는 편입니다.

#성북동맛집 #목살맛집 #손웅정

김사원's note

- 수준 높은 퀄리티의 목살. 기본기가 너무나도 탄탄했던 목살계의 손웅정.
- 성북천을 따라 걷는 길에 펼쳐진 야장이 요즘에 상당히 핫합니다. 드신 후에 산책길을 따라 걸으시면 완벽한 코스라고 볼 수 있습니다.

먹어본 탕수육 중 1등인 집
옛날중국집
| 중식 |

주소 서울시 성북구 성북로8길 8
찾아 가기 한성대입구역 5번 출구에서 도보 5분 거리
운영 시간 화요일-일요일 11:00~21:00
주요 메뉴 및 가격 탕수육: 23,000원(미니: 18,000원) / 잡탕밥: 16,000원 / 짜장면: 6,000원 / 짬뽕: 8,000

중식 50년 내공의 할머니, 할아버지가 만드시는 인생 탕수육

대기업 회장님들의 집결지라고 볼 수 있는 동네. 고즈넉한 분위기를 담은 성북동에 위치한 오래된 중국집입니다.

정평이 나 있는 중국집들은 간짜장이든, 잡채밥이든, 짬뽕이든 저마다의 시그니처 메뉴들이 있는데요. 이 집의 시그니처는 탕수육입니다. 튀김 질감부터가 남다른 걸 한눈에 알아볼 수 있는데요. 바삭함에서 오는 경쾌함이 너무나도 좋습니다. 물론 간은 말할 것도 없고요. 무엇보다 식당 안 한 켠에 좋은 퀄리티의 고기를 사용한다는 문구가 맛을 확실하

게 보장하는 대목이라고 볼 수 있습니다. 탕수육 소스는 케첩 맛이 섞이지 않고 은은하게 달달한 맛입니다. 많이 새콤하지 않아서 고기의 맛에 온전히 집중하기에 좋습니다.

이어서 잡탕밥도 주문했는데, 고슬고슬한 기름진 풍미의 볶음밥 위로 거의 팔보채 한 그릇을 올려주신 듯한 비주얼이었습니다. 고소한 향이 진동을 하면서 달콤한 소스에 버무려진 각종 해산물 또한 퀄리티가 좋습니다.

마지막으로 인터넷에 어디가 3대 탕수육이다 뭐다 말이 많지만은, 저에게 맞는 가장 맛있는 탕수육 집은 이곳이었습니다.

#탕수육맛집 #성북동맛집 #노포중식당

김사원's note

- 성북동의 터줏대감인 노포 중국집!
- 간판에는 신속 배달이라고 적혀 있지만, 현재 배달은 안 하십니다.

since 2019

이 가격에 믿을 수 없는 구성의 집입니다

우정초밥

| 스시 오마카세 |

주소 서울시 성북구 종암로3길 31 1층
찾아가기 고려대역 2번 출구에서 도보 7분 거리
운영 시간 매일 11:30~20:30
주요 메뉴 및 가격 런치: 25,000원 / 디너: 35,000원

오마카세에 대한 편견을 부순 집

언제부터인가 스시 오마카세가 유행처럼 번지기 시작하면서 오마카세는 근사하고 고급스러운 식사라는 인식이 생겼습니다. 아마도 대체적으로 식사 비용이 높은 금액대이기 때문에 그렇지 않을까 합니다. 소박하더라도 편안한 분위기에서 식사하는 걸 좋아하는 저로서는, 때로는 근사하면서 고급스러운 식사 자리가 다소 불편하게 느껴질 때도 있습니다(물론 회사 법카로 가는 자리라면 편안합니다).

그런 의미에서 캐주얼하면서 편안한 분위기에서도 스시 오마카세를 가성비 좋게 즐길 수 있는 여기는 성북구 종암동에 위치한 '우정초밥'입니다. 셰프님의 아내 분 성함이 우정이라서 우정초밥으로 이름을 지었다고 합니다. 이 집은 가격 얘기를 안 할 수가 없는데요. 2024년 8월 현재 기준으로 런치는 2만 5천 원, 디너는 3만 5천 원입니다. 제가 유튜브에 소개할 당시(2020

내어주시는 생선들의 종류들은
고등어, 삼치, 잿방어,
아귀간, 도미부터
무려 참다랑어까지
고급 생선입니다.

년 4월) 런치는 만 5천 원, 디너는 2만 원이었지만, 현재도 상당히 저렴한 가격인 건 맞습니다.

술안주인 사시미부터 다양한 초밥들을 내어주시는데 15가지가 족히 넘는 구성을 맛보실 수 있습니다. 가격을 생각하면 판초밥 집에서나 나오는 비교적 저렴한 생선들이 나오는 거 아닌가 싶으실 텐데, 내어주시는 생선들의 종류들은 고등어, 삼치, 잿방어, 아귀간, 도미부터 무려 참다랑어까지 고급 생선입니다.

가격 대비 높은 퀄리티와 함께 훌륭한 서비스를 느낄 수 있는 것만은 분명합니다. 마지막으로 이 집의 전매특허인 푸짐한 지라시 스시(회덮밥 스타일의 떠먹는 초밥)와 함께, 상큼한 토마토절임 디저트까지 내어주시는데 과연 이 가격에 가능할까 싶은 완벽한 구성입니다.

골목골목을 따라 조용한 공간에 자리한 이곳, '우정초밥'은 지친 하루를 녹이기에 최고의 공간이 아닐까 합니다.

#스시오마카세집 #미친가성비 #예약난이도높음

김사원's note

- 접시도 바뀌고 구성도 나날이 발전하고 있는 집. 셰프님이 연구를 많이 하시는 게 느껴지는 집입니다.
- 100% 예약제 식당이니, 캐치테이블 앱을 통해 반드시 예약을 하고 가시길.
- 런치는 1부 오전 11시 30분, 2부 오후 1시 10분, 디너는 1부 오후 5시 30분, 2부 오후 7시 15분부터 시작합니다.

용산구 & 중구

고가길구공탄 나드리식품
남영돈 다동황소막창
한길포장마차 대원식당
막내회집
맛있는삼겹살
사랑방칼국수
산불등심
스담
연길반점
영덕회식당
우리슈퍼
청해
충무로쭈꾸미불고기
필동해물

고가도로 아래 작은 고깃집
고가길구공탄
| 항정살 |

주소 서울시 용산구 백범로99길 48
찾아 가기 삼각지역 8번 출구에서 도보 3분 거리
운영 시간 월요일-금요일 17:00~22:30, 토요일 16:00~22:30
주요 메뉴 및 가격 항정살 200g: 19,000원 / 삼겹살 200g: 17,000원 / 돼지갈비 200g: 17,000원

항정살 1등! 버뮤다 삼각지의 시작점

삼각지는 맛집계의 버뮤다 삼각지대라고 할 수 있습니다. 일단 이 동네에 들어오시면 최소 3차까지는 가서야 하기 때문에 못 나간다고 봅니다. 맛집이 정말 많은 타운입니다. 이 중에서 오늘 가볼 식당은 '고가길구공탄'. 이름대로 고가도로 아래에 위치한 아주 자그마한 식당입니다.

이곳을 찾아오는 이유는 바로 항정살 때문인데요. 제가 이 세상 모든 고깃집들을 다 가본 건 아니지만, 적어도 제가 먹어본 곳 중에서 항정살만 놓고 보면 가장 강렬한 인상을 주었던 집입니다. 특징으로는 초벌을 해서 나오는데 고기의 두께가 상당히 두툼합니다. 서걱서걱한 식감부터 육즙 터지는 기름까지 너무나도 맛납니다.

이 외에도 삼겹살과 목살 또한 이 집만의 개성이 있습니다. 마무리 후식으로는 김치볶음밥과 라면까지 구비되어 있어 구성 또한 상당히 훌륭한 집.

서걱서걱한 식감부터
육즙 터지는 기름까지
너무나도 맛있습니다.

허름한 분위기에 박력 넘치는 개성이 매력적인 집. 여기는 삼각지의 '고가길구공탄'입니다.

#삼각지맛집 #항정살맛집 #분위기맛집

김사원's note

- 서울에서 항정살 하면 제일 먼저 떠오르는 집.
- 기름진 항정살에 와사비를 함께 곁들이면 최고의 조합.

고깃집의 수준을 상향 평준화시킨 장본인

남영돈

| 돼지고기 |

주소 서울시 용산구 한강대로80길 17
찾아 가기 숙대입구역 6번 출구에서 도보 3분 거리
운영 시간 평일 16:00~22:00, 주말 12:00~21:00
주요 메뉴 및 가격 가브리살 21,000원 / 항정살 23,000원 / 삼겹살 19,000원

노포의 클라스, 명실상부 탑티어 서울 돼지고기 집

서울 최고의 고깃집 중 한 곳이라고 볼 수 있는 집. 여기는 용산구 남영동에 위치한 '남영돈'입니다. 동네 이름을 걸고 장사하는 점에서 상당한 자신감이 느껴집니다.

이 집은 다양한 김치와 함께 조개젓 등 수준 높은 밑반찬들을 비롯해 찍어 먹는 소스만 5가지가 넘습니다. 고기가 맛있게 익으려면 고기의 퀄리티는 물론이고 불도 중요한데요. 이 집의 숯은 말해야 입 아플 정도로 매우 훌륭합니다. 그리고 고기를 주문하면 기본 서비스로 김치찌개가 나오는데요. 진득한 국물에 풍성하게 담긴 고기들, 그냥 더할 나위 없이 맛있는 김치찌개입니다.

메뉴판에는 다양한 고기가 있지만, 개인적으로 항정살과 가브리살을 추천합니다. 항정살은 서걱서걱 씹히는 식감이 아주 좋고 가브리살은 쫀득쫀득

고품질의 고기를
먹고 싶다면
한 번쯤
방문해야 하는
성지 같은 곳.

한 식감에 풍미가 깊습니다. 숯불 향이 워낙 강력해서 육 향이 입맛을 돋우고 코를 찌릅니다. 집 나간 입맛을 찾고 계시는 분이 있다면 반드시 데리고 오시길 추천드립니다.

고깃집의 수준을 높여놓은 집이기에 남영돈 이후로 등장하는 서울의 고깃집들이 상향평준화 되었다고 해도 과언이 아닙니다. 고품질의 고기를 먹고 싶다면 한 번쯤 방문해야 하는 성지 같은 곳. 엄청난 웨이팅은 감안하셔야 하지만, 그 기다림을 충분히 가치 있게 만드는 곳입니다.

#남영동맛집 #가브리살맛집 #웨이팅은필수

김사원's note

- 밑반찬부터 소스, 숯불까지 근본이 다른 곳.
- 웨이팅이 어마어마해서 가게 앞에 이름을 적어두고 다른 곳을 다녀오시는 것도 방법입니다.
- 소문내고 싶지 않은 맛집이지만, 이미 다 소문났습니다.

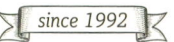

내가 이촌동을 좋아하게 된 이유
한길포장마차

| 해산물 모둠, 새우전, 국수 |

주소 서울시 용산구 이촌로75길 16-9
찾아 가기 이촌역 3-1번 출구에서 도보 5분 거리
운영 시간 월요일-토요일 16:00~23:00
주요 메뉴 및 가격 해산물 모둠: 28,000원 / 새우전: 17,000원 / 국수: 6,000원

실내 포장마차의 정석 같은 집

서울에서 가장 오묘하고도 매력적인 동네 중 하나, 바로 용산구 이촌동으로 떠나보겠습니다. 이 동네는 수십 년 전에 고급 아파트들이 들어서면서 서울의 부촌 중 하나로 불리는 근사한 곳인데요.

이 동네에 자그마한 시장이 있습니다. 시장 크기가 그리 크진 않지만, 정겹고 술맛 나는 식당들이 즐비해 있어서 한 번쯤 구경해보시는 것도 좋습니다.

그중 외관만 봐도 소주가 당기는 아우라가 느껴지는 이곳, '한길포장마차'는 이촌 시장을 대표하는 술집 중 하나입니다. 이 집은 실내 포장마차 특유의 분위기가 술맛을 자극하기에 너무나도 좋습니다.

대표 메뉴로는 해산물 모둠이 있습니다. 싱싱하고 다양한 해산물을 한 접시에 정갈하게 담아 내어주시는데 아주 먹음직스럽습니다. 특히 쫀득하고

녹진한 한치회와 쫄깃하고 탱글하게 데친 소라회는 식감이 일품입니다. 노포인데도 깔끔함이 느껴지는 건, 내어주시는 음식들의 정갈한 플레이팅 솜씨와 신선한 채소들 덕분이 아닐까요.

해산물 모둠만 먹고 가기에는 아쉽습니다. 추가 메뉴로 새우전을 주문해봅니다. 깔끔하고 신선한 해산물을 먹었다면 이번엔 기름진 음식을 먹어줘야 술맛 또한 밸런스가 맞습니다. 달걀을 입혀 노릇노릇하게 부쳐낸 새우 살점이 아주 오동통합니다. 여기에 기본으로 내어주시는 유부가 듬뿍 들어간 국물을 맛보면, 이 집의 국수가 아주 일품일 거라는 걸 예상할 수 있습니다. 당연히 마무리로 주문을 해줘야 합니다.

가게를 나온 후에는 기분 좋게 취한 상태로 한강공원을 거니는 코스로 가시면 하루가 오지게 행복해지는 경험을 할 수 있습니다. 이곳은 이촌 한강공원과도 매우 가까운 '한길포장마차'입니다.

#실내포장마차 #이촌동맛집 #이촌시장맛집

김사원's note

- 여기가 아니더라도 이촌 시장을 방문해야 하는 이유는 충분히 많습니다.
- 메뉴가 꽤 많으니, 해산물 모둠을 먼저 시키고 고민하자.
- 이 집의 치명적인 단점은 카드가 안 된다는 점.

끊임없이 쏟아지는 술안주의 향연

나드리식품

| 이모카세 |

주소 서울시 중구 을지로33길 38
찾아 가기 을지로4가역 5번 출구에서 도보 2분 거리
운영 시간 월요일-금요일 18:00~22:00
주요 메뉴 및 가격 이모카세 1인: 50,000원

서울에서 마지막 밤을 보내야 한다면 나드리식품으로 가겠습니다

을지로 골목 안, 언뜻 보면 슈퍼처럼 보이는 자그마한 집이지만 예약하려면 무려 두세 달은 족히 걸리는 핫한 식당. 가게 안 벽면에는 강동원, 배용준, 송혜교, 월드 스타 싸이의 사인까지! 대체 얼마나 맛있길래 이렇게나 인기가 있는 걸까?

겉으로 보기엔 더없이 소박한 공간이지만 주문을 하자마자 펼쳐지는 한 상에는 과연 이게 슈퍼에서 만들어내는 음식이 맞나 싶을 정도로 수준 높은 퀄리티의 음식이 끝도 없이 쏟아집니다. 아니 슈퍼에서 과메기가 웬 말인가? 소라, 한치회, 가리비, 꼴뚜기, 우니 그리고 감태에다 메로구이까지!

족히 20가지가 넘는 다양한 음식과 술안주의 향연을 즐길 수 있는 곳. 일명 '이모카세'로 통하는 이곳은 정해진 메뉴 없이 제철마다 그날그날 다른 구

일명 '이모카세'로 통하는 이곳은 정해진 메뉴 없이 제철마다 그날그날 다른 구성으로 음식이 나옵니다.

성으로 음식이 나옵니다. 그럼에도 이 집의 시그니처 메뉴를 소개해보자면 아주 달콤한 양념의 야들야들한 매운 갈비찜과 뽀얀 진국 육수와 함께 나오는 쫀득한 살점의 스지탕을 꼽을 수 있습니다. 덧붙이자면 겨울철에 보쌈과 함께 내어주는 이 집의 김치도 참 맛있습니다.

전혀 기대가 되지 않는 허름한 외관, 몇 평 남짓한 자그마한 슈퍼와 상반되는 감탄과 놀라움의 맛! 단점이 있다면 인기가 많은 나머지 무척이나 가기 힘든 점이 아닐까 싶습니다.

#이모카세 #미친갓성비 #을지로맛집

김사원's note

- 수많은 유명 연예인들의 사인 사이에서 김사원의 사인도 찾아보자.
- 100% 예약제로 최소 4명 이상부터 가능! 단체 모임으로 이만한 집이 없습니다.

※ 사장님의 건강 사정으로 현재는 문을 닫아 노포의 추억으로 남겨둡니다.

서울에서 가본 식당 중 가장 기상천외한 곳에 위치한 식당

다동황소막창

| 소막창 |

주소 서울시 중구 을지로3길 49
찾아 가기 종각역 5번 출구와 을지로입구역 2번 출구 사이
운영 시간 월요일-금요일 17:00~23:00
주요 메뉴 및 가격 소막창: 22,000원 / 쭈꾸미: 14,000원 / 잔치국수: 5,000원

서울 한복판 바베큐 산장!
앉아만 있어도 취할 것 같은 분위기

서울 한복판 청계천 인근 빌딩 숲 사이에 천막이 보입니다. 과연 여기가 식당이 맞나 싶은 전경에 놀라움을 금치 못합니다. 확실한 건 앉아만 있어도 술맛이 죽여줄 것만 같은 광경입니다.

이곳은 소막창을 전문으로 하는 집인데요. 콩나물국과 오이 등 단출한 밑반찬들과 함께 예열해보면서 조심스럽게 막창을 구워봅니다. 찍어 먹는 양념장이 대구식 소스라 달큰한 맛이 참 좋습니다. 무엇보다 이 집 막창은 질기지 않고 부드럽습니다. 잡내도 없고 쫄깃한 게 술과 곁들이기에 더할 나위 없습니다.

쭈꾸미도 주문해봅니다. 저에게는 양념이 많이 매운 편이었지만, 쭈꾸미 살이 통통하고 무엇보다 불 향이 강력하게 느껴져서 좋았습니다. 마지막으

잡내도 없고 쫄깃한 게
술과 곁들이기에
더할 나위 없습니다.

로 잔치국수는 필수입니다. 같이 내어주시는 김치와 함께 말아 올려 먹으면 기가 막힙니다. 맛은 전형적인 포장마차 스타일이지만 야외에서 먹으니 색다릅니다.

도심 속에서 바베큐 산장으로 여행을 온 것만 같은 기분이 드는 곳. 야장을 좋아하시는 분들은 무조건 만족할 집입니다.

#소막창맛집 #야장맛집 #가성비는안내림

김사원's note

- 사악한 가격이지만 술맛 느껴지는 분위기만큼은 최고입니다.
- 비가 오나 눈이 오나 야장에서 먹을 수 있는 집! 비가 오면 천장이 닫히는 신기한 지붕을 보실 수 있을 겁니다.

※ 다동공원 확장 공사로 현재는 운영을 하지 않고 있습니다. 노포의 추억으로 남겨둡니다.

since 1980

철공소 골목 안에 숨은 작은 식당
대원식당

| 삼겹살, 갑오징어 |

주소 서울시 중구 창경궁로5길 34-26
찾아 가기 을지로4가역 1번 출구에서 도보 2분 거리
운영 시간 월요일-토요일 10:00~22:00
주요 메뉴 및 가격 삼겹살: 15,000원 / 갑오징어: 30,000원 / 수육: 20,000원

믿고 먹는 할저씨들의 아지트에서
이제는 서울의 명소

이제는 너무 유명해져버린 을지로의 삼겹살 골목은 외국인 관광객들도 많이 찾는 명소가 되었습니다. 이곳은 원래 철공소 골목의 자그마한 백반 전문 식당이었지만, 야외에서 먹는 상차림으로 더욱 유명해진 탓에 삼겹살집으로 변모한 곳인데요. 마치 시골에서나 볼 법한 백반 전문이라는 큰 글씨가 눈에 띄는 외관입니다.

날씨가 좋은 계절이면 이 골목길은 장관을 이룹니다. 단순히 분위기만 좋은 게 아니라 음식이 너무나도 훌륭해서 시간이 갈수록 찾는 사람들이 많은 집입니다.

삼겹살을 주문하면 여러 반찬들이 깔리면서 잘 익은 묵은지와 함께 갓김치가 나오는데요. 백반

백반 전문 식당에서 출발한 이 집의 근본을 알 수 있는 묵은지!

전문 식당에서 출발한 이 집의 근본을 느낄 수 있는 상차림입니다. 고기도 질 좋기로 유명하므로 맛은 의심의 여지가 없습니다. 무엇보다 야외에서 먹는 술 한잔이면은 각자가 가지고 있는 저마다의 고민들도 다 날아가버리는 느낌, 아직 해보지 않으셨다면 해보시길 권합니다.

그리고 알 만한 사람은 다 먹는 이 집의 시그니처 술안주. 바로 갑오징어 숙회도 이어서 주문해봅니다. 극상의 삶기로 상당히 쫄깃한 식감에 목젖에서 술이 미친 듯이 빨려들어갑니다. 오징어 중의 갑은 물론이고 안주 중에서도 갑이라고 볼 수 있습니다.

요즘에는 너무나 핫한 집이 되어버렸지만, 을지로에서 허름한 노포 그리고 할머니같이 푸근하고 정겨운 식당을 찾으신다면 이만한 집이 없습니다.

#야장맛집 #을지로맛집 #분위기오짐

김사원's note

- 힙지로를 대표하는 야장 삼겹살 맛집.
- 하나둘씩 사라지고 있는 을지로 철공소 식당들. 언제 재개발이 될지 모르므로 하루라도 빨리 다녀가자.

상다리 부러지는 극강의 가성비 횟집
막내회집

| 회 코스 |

주소 서울시 중구 남대문시장2가길 2 2층
찾아 가기 회현역 5번 출구에서 도보 6분 거리
운영 시간 매일 11:00~22:00
주요 메뉴 및 가격 회 정식(점심 1인): 13,000원

메뉴판에도 없는 진정한 숨은 메뉴를 찾아서

서울의 명소인 남대문 시장 안에는 먹거리들이 많습니다. 칼국수, 보리밥 골목과 더불어 갈치조림 골목도 상당히 유명합니다.
그중에서도 시장 안에 버젓이 자리한 아주 정감 가는 식당이 있는데요. 입구에서 가파른 계단을 타고 올라가는 와중에 낡은 난간에서부터 상당한 업력이 느껴집니다. 식당 이름은 '막내회집'. 업력을 보면 절대 막내일 수가 없는 집입니다.

이곳은 메뉴판에는 보이지 않는 숨은 메뉴가 있는데요. 바로 점심에만 먹을 수 있는 인당 만 3천 원 극강의 가성비 '정식 메뉴'입니다. 점심에 이 메뉴를 주문하셨다는 건, 낮술을 들이킬 수밖에 없는 코스라는 사실을 직감하셨길 바랍니다.

점심에 나오는 메뉴라
'회가 몇 점 안 나오겠지'
싶으셨다면 경기도
오산시입니다.

먼저 푸짐한 쌈과 함께 각종 밑반찬들이 나옵니다. 이어서 두툼한 회가 나오는데요. 정식 메뉴에서는 주로 광어회와 숭어회를 내어주십니다. '점심에 나오는 메뉴라 회가 몇 점 안 나오겠지' 싶으셨다면 경기도 오산시입니다. 양이 아주 상당합니다. 그리고 회는 숙성을 해서 내어주시는지 찰진 식감이 아주 좋습니다.

이어서 고등어 무조림이 나옵니다. 고등어 뱃살이 어찌나 두툼한지 이 정도면 비만 중에서도 초고도 비만입니다. 달달한 무조림과 함께 자박한 국물을 긁어서 먹어주면 밥도둑이 따로 없습니다.

다음으로 감자조림이 나옵니다. '감자조림? 이건 그냥 밑반찬 아닌가' 생각하셨다면 경기도 오산시 오산동입니다. 별도의 메뉴로 파셔도 손색이 없는 요리라고 봅니다. 이 집 감자조림은 진득하면서도 간이 잘 배인 양념과 포슬포슬한 식감이 예술입니다.

이번엔 국그릇에다가 매운탕을 푸짐하게 내어주십니다. 개운한 국물에 뼈를 푹 고아내어 살점이 잘 느껴지고 좋습니다. 이쯤 되면 만 3천 원짜리 구성의 끝이 어디까지인가 싶습니다.

이어서 넓은 그릇 위로 각종 채소들과 참기름, 김가루가 담긴 밥이 나옵니다. 아까 나온 회 몇 점을 넣은 후 초고추장을 뿌려주면 근사한 회덮밥이 완성됩니다. 회가 넉넉한 편이라 회덮밥을 만들었는데도 충분합니다. 어찌나 완벽한 구성의 식사인지 먹는 내내 감탄을 금치 못합니다.

이제 일어나려는 찰나에, 대뜸 불 향 가득한 오징어볶음을 내어주십니다. 다시 말씀드리지만 밑반찬 수준의 오징어볶음이 아닙니다. 오징어불백 집이라고 불러도 손색이 없을 듯합니다. 방금 볶아내어 마지막에 내어주시는 데에는 이유가 있었습니다.

제가 서울에서 점심으로 먹어본 집들 중에서는 맛으로도 가성비로도 단연코 최고로 꼽을 수 있는 집입니다. 훌륭한 점심식사를 맛볼 수 있는 남대문시장의 명물, 여기는 '막내회집'입니다.

#남대문시장맛집 #회정식맛집 #가성비최고

김사원's note

- 이 집의 점심 메뉴 회 정식은 독보적입니다.
- 김사원이 서울 낮술 성지로 손가락 안에 꼽는 곳. 낮술과 정말 어울리는 집입니다.

찾아가는 것부터 기적입니다

맛있는삼겹살

| 삼겹살, 고추장삼겹살 |

주소 서울시 중구 남대문시장길 37
찾아 가기 회현역 6번 출구에서 도보 6분 거리
운영 시간 월요일-금요일 11:00~21:30, 토요일 11:00~21:00
주요 메뉴 및 가격 삼겹살: 13,000원 / 고추장삼겹살: 14,000원 / 볶음밥: 3,000원

간판을 기가 막히게 잘 지은 진짜 이름값 하는 식당

서울을 대표하는 시장 중 하나인 남대문 시장 안에 아는 사람만 아는 아주 맛있는 삼겹살집이 있습니다.

2004년 영업을 시작할 당시에는 테이블이 단 3개밖에 없는 작은 공간이었는데, 지금은 옆 공간을 확장해서 꽤나 쾌적한 공간이 되었습니다. 식당 이름은 '맛있는삼겹살'. 이름값을 제대로 하는 집입니다. 고깃집에서 파는 흔한 김치찌개, 냉면조차 팔지 않고 오로지 삼겹살만으로 진검 승부하는 곳입니다.

메뉴는 삼겹살과 고추장삼겹살 딱 2가지입니다. 우선은 일반 삼겹살로 출발해보겠습니다. 주문을 하면 삼겹살과 함께 먹을 밑반찬들이 한 상 옹골차게 깔립니다. 신선한 채소 쌈들과 함께 쪽파를 내어주시는데 이 점이 아주 인상 깊습니다.

삼겹살의 두께와 크기가 아주 매력적입니다.

접시 위로는 삼겹살이 영롱한 자태를 뽐냅니다. 특히 자르지 않고 한입에 넣을 수 있는 삼겹살의 두께와 크기가 아주 매력적입니다. 불판에 구워서 입속으로 가져가면 기억을 불러오는 맛에 잠시 시간 여행을 할 수 있습니다.

대학생 때 하숙집에 살아본 경험이 있습니다. 그 당시 새로운 하숙원이 들어온 날에는 하숙집 아주머니께서 모든 하숙원을 불러 거실에서 삼겹살 파티를 여셨습니다. 그때 먹은 삼겹살이 너무나도 맛있었는데, 이 집의 삼겹살이 딱 그때의 맛입니다.

이어서 고추장삼겹살도 주문해봅니다. 고추장삼겹살은 초벌이 되어 나오는데, 양념 맛이 달콤하고 좋습니다. 마지막 화룡점정은 역시 한국인의 코스, 볶음밥입니다. 정말 흔하디 흔한 메뉴이지만 이 집만의 특별함이 확실히 있습니다.

여기는 맛뿐만 아니라 공간이 주는 분위기도 너무 좋습니다. 낡고 허름하지만, 정겨움과 편안함이 느껴집니다. 테이블 뒷자리에서는 페도라를 쓰신 나이 지긋한 영감님들이 정치 얘기를 하시면서 나라 욕을 하고 계셨습니다. 저는 종종 우스갯소리로 이분들을 발견했다면 맛집 보증수표를 찾은 거라고 얘기합니다.

식당에 가셨을 때 페도라를 쓴 영감님들이 한 상 거하게 잡수고 계시는 광경을 보신다면 제 경험상 그곳은 높은 확률로 맛집이었습니다.

#남대문시장 #맛있는삼겹살 #볶음밥맛집

김사원's note

- 남대문 시장의 히든 플레이스! 찾아가는 게 신기할 정도로 재대로 숨어 있습니다.
- 선선한 날씨에 야장에서 드시는 것도 신선한 경험입니다.

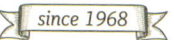

골목을 평정한 56년 된 전설적인 백숙 백반집

사랑방칼국수

| 닭칼국수 |

주소 서울시 중구 퇴계로27길 46
찾아 가기 충무로역 6번 출구에서 도보 5분 거리
운영 시간 매일 10:30~21:40, 첫째 주 일요일 휴무
주요 메뉴 및 가격 백숙 백반: 9,000원 / 칼국수: 7,000원

초복, 중복, 말복 그리고 이곳을 찾아가는 날도 그냥 복날입니다

이곳은 서울 충무로를 대표하는 노포 중에 한 곳으로 술꾼들의 사랑방이라고 볼 수 있습니다. 대표 메뉴로는 닭 반 마리와 함께 한 상차림이 나오는 백숙 백반이 있는데요. 이 외에도 칼국수가 인기 많습니다.

음식이 나오는 속도가 상당히 빠른데 주문과 동시에 나온다고 보셔도 무방합니다. 이 정도면 손님이 음식을 기다리는 게 아니라 닭이 손님을 기다리고 있다고 봐야 하고요. 닭 사이즈는 라이트 헤비급 정도. 제법 묵직하다고

볼 수 있습니다. 야들야들한 살점을 이 집만의 특제 소스 초장에 찍어 먹으면 너무나도 황홀합니다. 무엇보다 서비스로 함께 나오는 닭곰탕 국물 또한 상당히 훌륭합니다. 여기에 찢은 살코기를

넣어 밥을 말아 김치까지 얹어 먹으면 감탄사가 절로 나옵니다.

식당 벽면에 가훈같이 적혀 있는 글귀가 있는데요. "내용 있는 음식, 실속 있는 식사" 이 집에 딱 걸맞는 격언이었습니다.

#닭백숙맛집 #충무로맛집 #가성비최고

김사원's note

- 충무로의 명소! 내용 있는 음식, 실속 있는 식사를 마주할 수 있는 보물 같은 곳.
- 복날에는 하루 종일 미어터지기 때문에, 평상시에 찾아가자. 그날이 복날이다.

전국 최고가 된장찌개와 한우 등심 전문점

산불등심

| 소고기 |

주소 서울시 중구 을지로3길 30
찾아 가기 을지로입구역 1-1번 출구에서 도보로 5분 거리
운영 시간 월요일-금요일 16:00~21:30
주요 메뉴 및 가격 된장찌개: 10,000원 / 등심: 45,000원

다 쓰러져가는 집인데, 알고 보면 명품 한우집!?

을지로에 다동이라는 동네에는 노포가 정말 많습니다. 그중 이번에 가볼 '산불등심' 또한 상당한 업력을 자랑하고 있는데요. 식당 안에 입장하시면 서울이 맞나 싶을 정도로 충격적인 광경이 펼쳐집니다. 야인시대 세트장에 버금가는 살벌한 분위기라고 볼 수 있습니다.

이곳은 급랭한 투뿔 한우 등심과 된장찌개로 유명한 집입니다. 가격은 솔직히 많이 비쌉니다. 비싼 건 사실이니, 회식 장소 혹은 얻어먹을 일이 있을 때 방문하시는 걸 추천드립니다. 얻어먹은 집 중에선 만족도로는 손가락 안에 꼽는 집입니다.

야키니쿠 스타일의 화로 위에서 등심 한 점 한 점을 정성스럽게 구워봅니다. 마블링이 너무나도 선명한 게 먹음직스럽습니다. 기름장에도 찍어 먹어보고 양념된 파절임과도 먹어봅니다. 입안에서 살살 녹아내리는 게 이건

진짜로 한 점에 한 잔이 맞습니다(비싸서 한 점당 한 잔이 맞고요). 된장찌개는 반드시 주문하셔야 합니다. 국물이 아주 진하면서 걸쭉한 스타일인데, 그렇게 자극적이진 않습니다. 고기가 무지하게 많이 들어가서 오히려 달달한 편에 가깝습니다. 국물이 깊으면서도 구수한 게 어쩌나 맛있는지 뚝배기에 있는 된장찌개를 하나도 안 남기고 다 먹어버렸습니다. 비싼 건 맞습니다만, 맛은 확실하게 있습니다.

#한우맛집 #된장찌개맛집 #을지로맛집

김사원's note

- '산불등심'에서 조심해야 할 건 산불만이 아닙니다. 지갑, 조심하시기 바랍니다.
- 가성비는 가뭄 수준. 주변에 경사가 생긴 친구에게 얻어먹을 일이 있을 때 반드시 이곳을 방문하시길.

사장님은 과연 무엇을 남기시는 걸까

스담

| 스시 오마카세 |

주소 서울시 중구 다산로28길 2-1 1층
찾아 가기 청구역 3번 출구에서 도보 13초
운영 시간 네이버 공지 참고(공지된 시간만 영업)
주요 메뉴 및 가격 오마카세 1인: 27,000원

치킨 한 마리 가격으로 스시 오마카세를 먹을 수 있는 집

청구역 3번 출구에서 나오자마자 간판이 보이는 집. 이곳은 동네 사랑방 같은 느낌의 정감이 가는 초밥집 '스담'입니다.

식당은 전석이 카운터 석으로 이루어진 아주 자그마한 공간입니다. 예약한 식사 시간이 되면 셰프님께서 한 점 한 점 정성스럽게 초밥을 쥐어 내어주십니다. 가격은 무려 2만 7천 원, 심지어 디너입니다. 최근에 시켜 먹었던 치킨 한 마리에 버금가는 가격입니다.

첫 점부터 참다랑어 속살(아카미)을 내어주십니다. 이어서 삼치, 광어, 참다랑어 대뱃살, 대방어 초밥, 관자 위에 성게알 크림이 올라간 초밥, 참다랑어 대뱃살을 다져서 만든 네기도로, 유자를

사장님은 과연 남는 게 있으실까 생각이 들게 하는 집.

올린 고등어 봉초밥 등 화려한 라인업들이 이어집니다. 대략 12피스 정도가 나오는데, 물론 구성은 날마다 조금씩 다르지만 퀄리티를 보시면 저렴한 판초밥 수준은 단언컨대 아닙니다.

사장님은 과연 남는 게 있으실까 생각이 들게 하는 집. 다녀오시면 분명 이 생각이 드실 겁니다. 그리고 방금 이 글을 쓰면서 다음 주에 예약했습니다 (실화).

#청구역맛집 #가성비스시오마카세 #사장님만수무강하세요

김사원's note

- 가격이 저렴하다고 퀄리티가 저렴하지는 않습니다.
- 예약은 전화로만 받습니다.

취향을 찾아가는 여정

저 김사원에게 지금 가장 좋아하는 소주 안주를 딱 하나만 꼽으라면 오징어통찜을 고르겠습니다. 잘 삶아진 부드러운 오징어 살점과 그 속에서 흘러나오는 녹진한 내장 맛은 제가 가장 좋아하는 술안주입니다.

유독 좋아하는 이유에는 아무래도 흔한 삼겹살, 소고기, 참치와는 다르게 오징어통찜을 잘하는 집이 흔치 않아 희소성이 있기 때문이기도 합니다. 반면 싫어하는 메뉴로는 여러 음식들이 있지만 지금 딱 꼽아보자면 간과 천엽을 그닥 좋아하지 않습니다.

이처럼 누군가에게는 없어서 못 먹을 정도로 환장하는 음식도 누군가에게는 손도 안 대는 음식일 수 있습니다. 사람마다 입맛이 다 다르기 때문이죠. 아마 이 책에 나온 식당들 또한 '난 여기 별로던데…', '맛이 없던데…' 등 다른 의견이 있을 수 있습니다.

저 또한 지인들이 맛있다고 추천해서 찾아갔는데 제 취향이 아닌 식당들이 무수히 많았습니다. 그러나 그것 또한 경험이고 취향을 찾아가는 여정이라 생각한다면, 맛집 실패라는 게 결코 실패가 아닐 수도 있습니다.

→ 오징어통찜이 드시고 싶으시다면
228쪽으로 이동

보기만 해도 침샘 터지는 기막힌 비주얼

연길반점

| 어향가지, 양꼬치 |

주소 서울시 중구 퇴계로 42-2
찾아 가기 회현역 4번 출구에서 도보 9초 거리
운영 시간 월요일-토요일 11:20~21:40
주요 메뉴 및 가격 어향가지: 18,000원 / 꿔바로우: 18,000원 /
계란볶음밥: 7,000원

사실상 전설의 메뉴,
서울에서 '어향가지'로 가장 유명한 집

이곳은 남대문 시장 맛집 하면 절대 빠질 수 없는 집입니다. 어디에서도 맛볼 수 없는 독보적인 메뉴가 있기 때문인데요. 가게 이름은 누가 봐도 중국집인데, 짜장면과 짬뽕은 안 팝니다. 그치만 모든 테이블에 올라가 있는 메뉴가 있는데요. 가지를 통째로 튀겨 나오는 메뉴, '어향가지'입니다. 가지튀김 위로 소스가 올라간 비주얼이 워낙 강렬해서 보기만 해도 침샘이 터지는 듯한 미친 비주얼입니다.

한입 베어 물면 얇은 튀김옷이라 기분 좋게 가벼운 바삭거림이 느껴지지만 속은 부드럽게 녹아 있는 크림 같은 가지의 속살을 느낄 수가 있습니다. 범벅이 된 소스 맛은 새콤함 속에 단맛이 진

얇은 튀김옷이라 기분 좋게
가벼운 바삭거림이 느껴지지만
속은 부드럽게 녹아 있는
크림 같은 가지의 속살.

하게 느껴지는데, 자칫 느끼할 수 있는 와중에서도 구석구석 박혀 있는 청양고추의 매콤함이 느끼함을 때려잡아줍니다.

이어서 이 집의 인기 메뉴로는 꿔바로우가 있습니다. 꿔바로우는 중국식 찹쌀 탕수육이라고 보시면 되는데, 어향가지에서 가벼운 바삭거림이 느껴졌다면 꿔바로우에서는 극도의 바삭함이 느껴집니다. 그러면서 찹쌀의 쫄깃함과 고기의 담백함을 한 번에 느낄 수 있는 맛입니다.

그 외에도 양꼬치, 계란볶음밥 등 다양한 메뉴들이 즐비해 있지만 뭐니뭐니 해도 이 집은 어향가지를 빼놓고서는 논할 수 없는 곳입니다.

#어향가지 #맛있는중국집 #짜장면은없음

김사원's note

- 식당 이름을 그냥 '어향가지'로 해도 될 만큼 대명사가 되어버린 집.
- 가지를 싫어하는 사람을 데려가자. 가지의 맛에 눈을 뜨게 될지도….
- 만약 못 뜬다면 내가 다 먹을 수 있어서 그것도 이득!

이곳을 유명하게 만든 건 마약 양념이라고 불리는 양념장!?
영덕회식당

| 막회 |

주소 서울시 중구 창경궁로1길 6 1층
찾아 가기 충무로역 8번 출구에서 도보 4분 거리
운영 시간 월요일-금요일 12:00~20:50, 토요일 12:00~16:50
주요 메뉴 및 가격 막회: 30,000원 / 과메기: 27,000원

내일 간판이 쓰러져도 이상할 것이 없는, 그야말로 서울의 전설적인 노포

20대부터 70대까지 줄 서서 먹는 곳. 어떻게 이렇게 전 세대를 아울러서 사랑받을 수 있을까요?

이 책을 여기까지 읽으신 분이라면 이 집은 다녀가시는 게 맞습니다. 그동안 이 책을 통해서 여러 식당들을 간접 체험하셨다면, 이곳만큼은 직접 체험하시기 바랍니다.

물론 호불호가 있을 수야 있겠지만(세상에 호불호 없는 식당은 단 한 곳도 없습니다), 적어도 노포라는 공간을 체험해보고 노포라는 곳의 매력을 느껴보기에는 이만한 곳이 없습니다. 이곳의 간판은 이미 바래져서 푸른 빛깔을 띠고 있는데요. 간판 그 자체로도 노포의

같이 내어주시는 마른 김에다가 회를
가득 싸 드시면
이때부터는 소주가
입안으로 언제 들어갔는지 모르는
무아지경의 파티가 펼쳐집니다.

품격과 향기를 품고 있어 멋스럽게 느껴집니다. 간판만 봐도 취할 것 같은 분위기. 이곳이야말로 노포 중에 노포입니다.

자리에 앉자마자 콩나물국과 짭조름한 멸치볶음을 반찬으로 내어주십니다. 달달하면서도 고소해서 역시 메인 메뉴가 나오기 전에 술잔을 기울입니다. 이곳에서는 고민할 것도 없이 막회를 주문하시면 됩니다. 꽤나 푸짐한 구성으로 내어주시는데, 미나리와 함께 얇게 채를 썬 배 그리고 막회를 한가득 깔아 내어주십니다. 원래는 청어와 가자미만 들어가는데, 계절에 따라 전어 등 다른 생선이 들어갈 때도 있습니다.

그리고 이어지는 이 집의 하이라이트! 함께 나오는 초장 비주얼을 보시면 먹기도 전부터 침샘이 줄줄 흐르기 시작합니다. 이곳의 초장이 마약 초장이라고 불리는 데에는 그만한 이유가 있습니다. 언젠가 tvN 〈유 퀴즈 온 더 블럭〉 프로그램에 출연한 샘표 연두 개발자가 극찬한 양념이 바로, 이곳의 양념이라고 한 적이 있습니다.

이어서 이모님이 초장과 함께 막회를 직접 비벼주시는데 손목 스냅이 예사

롭지가 않습니다. 회에는 전혀 손상을 가하지 않으시면서 양념이 뭉친 곳 하나 없이 아주 맛깔나게 무쳐주시는데 이 정도면 거의 묘기 수준입니다.

같이 내어주시는 마른 김에다가 회를 가득 싸 드시면 이때부터는 소주가 입안으로 언제 들어갔는지 모르는 무아지경의 파티가 펼쳐집니다. 그리고 회가 적당히 남았을 때 밥을 주문해서 비벼 드시기 바랍니다. 참기름이 고소하게 뒤섞인 밥에서 고소한 향과 함께 초장의 새콤한 향이 섞여 올라오는데 입안에서 풍미가 요동을 칩니다.

가게가 다소 좁고 허름한 느낌은 있지만, 이 또한 멋이자 맛이라고 생각합니다. 20대부터 70대까지 줄 서서 먹는 광경을 보면서 생각해보니, 여기는 제가 20대 때부터 다녔던 집이지만 제가 70대 때도 지팡이 들고 줄 서서 먹을 것 같습니다.

#마약초장 #충무로맛집 #간판부터맛집

김사원's note

- 노포를 알아가고자 한다면 여기부터 가자.
- 사계절 먹을 수 있는 이곳의 과메기 메뉴도 술안주로 제격.
- 광화문에도 영덕회식당이라는 곳이 있는데 간판 색까지 비슷하니 헷갈리지 말자.

상상도 하지 못할 메뉴를 파는 슈퍼!

우리슈퍼

| 굴 요리 |

주소 서울시 중구 을지로27길 18-2
찾아 가기 을지로4가역 6번 출구에서 도보 5분 거리
운영 시간 월요일-토요일 10:00~22:00
주요 메뉴 및 가격 생굴 반 접시: 12,000원 / 생굴 무침 반 접시: 13,000원 / 생굴전 반 접시: 13,000원

겨울 한정 코스 요리가 있는 특이한 가맥집

이곳은 을지로 골목 아주 깊숙이 숨겨져 있는 아담한 슈퍼입니다. 이 일대에는 가맥집이 여러 곳 있지만 오직, 이곳 '우리슈퍼'에서만 즐길 수 있는 특별한 메뉴가 있는데요.
바로 겨울 한정 메뉴 진도산 굴 요리입니다. 생굴부터 굴무침, 굴전까지 아니, 이게 고작 테이블 4개 있는 슈퍼에서 볼 수 있는 퀄리티인가!?
좋은 점은 여러 메뉴들을 즐길 수 있도록 반 접시씩 판매도 하고 계신다는 점. 상당히 합리적으로 다양한 메뉴를 누릴 수 있습니다.

먼저 굴무침은 김과 함께 내어주시는데 양념과 어우러진 굴이 참 맛깔납니다. 사실 계속 술을 부르고 젓가락질을 잇게 하는 이 맛을 "맛깔나다"라는 표현 말고 어떤 표현을 써야 할지 모르겠습니

다. 직접 드셔보신 분만 아는 그 맛입니다. 굴은 어찌나 통통한지 싱싱함이 통째로 입안으로 들어오는 느낌이고요.

이어서 굴전도 먹어보겠습니다. 간혹 굴 특유의 비린 맛 때문에 굴을 안 좋아하시는 분들이 계신데, 그럴 때는 굴전으로다가 드셔보시면 좋습니다. 비린 맛 없이 담백하면서도 굴의 촉촉함은 그대로 느끼실 수가 있고요.

무엇보다 훌륭한 점은 추운 겨울날에 2차를 하러 일어나실 필요가 없다는 겁니다. 가맥집이기에 옆에 과자 하나 집어다가 맥주를 꺼내시면 됩니다. 참고로 이 집은 점심에 백반집을 운영하셔서 밑반찬도 아주 정갈하고 좋습니다. 그리고 특이한 점은 식당 안에 달력이 오지게 많습니다. 정신없이 술잔을 기울이는 와중에도 지금이 몇 월 며칠인지 세상 돌아가는 건 확인하고 먹으라는 사장님의 배려가 아닐까 싶습니다. 추운 연말에 오늘의 시간과 오늘의 맛을 알고 싶은 분들에게는 이만한 곳이 없습니다.

#을지로맛집 #가맥집 #굴마카세

김사원's note

- 특색 있는 가맥집을 꼽으라면 이곳이 제일!
- 매주 월요일마다 진도에 계신 할머님께 굴을 주문하신다고 하니, 싱싱한 굴을 드시려면 월요일 이후로 방문하시는 게 좋습니다.

동네 어르신들끼리도 숨긴다는 40년 넘은 횟집

청해

| 회 코스 |

주소 서울시 중구 퇴계로36길 36-1
찾아 가기 충무로역 2번 출구에서 도보 4분 거리
운영 시간 월요일-금요일 11:30~21:00, 토요일 11:30~15:00
주요 메뉴 및 가격 모둠 1인분: 20,000원 / 특모둠 1인분: 30,000원

한국식 횟집의 정석, 횟집계의 홍성대

외관은 한적한 뒷골목에서 조용히 오랜 세월이 흐른 느낌입니다. 내부는 어르신들이 바둑 한판을 두시고 계실 법한 바둑 기원에 온 듯한 분위기입니다. 이 집은 푸짐하고 정성스러운 코스를 놀라운 가격에 맛볼 수 있는 회정식이 유명한 집입니다.

주문과 함께 경건한 자세로 음식을 기다리다 보면 곧이어 놀라운 코스가 펼쳐집니다. 우선 애피타이저 죽과 생선껍질 초무침, 생선 내장 수육, 멍게가 깔립니다. 이어서 회 한 판이 나오는데, 생선의 종류는 최소 5가지라고  보시면 됩니다. 가운데는 싱싱한 전복회까지 올려주십니다. 사실상 여기까지만 해도 정신 못 차리고 앉아 있습니다.

맛나게 먹고 있다 보면 이어서 초밥을 내어주십

푸짐하고 정성스러운 코스를
놀라운 가격에 맛볼 수 있는
회 정식이 유명한 집입니다.

니다. 여기서 끝이 아닙니다. 생선구이가 나오고 새우튀김과 고구마튀김이 나오는데다, 날치알이 올라간 마끼도 나옵니다. 심지어 매운탕까지 나옵니다. 정말 혜자로운 구성이 아닐 수 없습니다. 과연 인당 2만 원에 이렇게 먹을 수 있는 집이 서울에 또 있을까 싶습니다.

예스러운 분위기에서 어딘가 투박한 느낌이 나지만, 음식 하나하나가 정성스럽고 한국식 횟집 스타일을 정말 잘 보여주는 집입니다.

#충무로맛집 #회정식 #미친구성

김사원's note

- 가성비 끝판 왕! 예스러운 느낌의 한국식 횟집의 진수를 보여주는 집.
- 세련된 이자카야 느낌은 아니지만, 투박한 매력이 넘치는 정통 한국식 횟집입니다.

since 1976

여기는 쭈꾸미 집인가 임영웅 박물관인가

충무로쭈꾸미불고기

| 쭈꾸미 관자구이 |

주소 서울시 중구 퇴계로31길 11
찾아 가기 충무로역 5번 출구에서 도보 4분
운영 시간 월요일-금요일 12:00~22:00, 토요일 12:00~21:30
주요 메뉴 및 가격 모둠(쭈꾸미, 키조개): 30,000원 / 쭈꾸미채소볶음밥: 8,000원

47년 된 집이 대체 어느 정도길래 미쉐린 가이드 6관 왕!?

47년째 쭈꾸미 외길로 엄청난 업력을 지닌 집입니다. 미쉐린 가이드를 무려 6년 연속 수상한 집인데요.

외관부터 건물이 걱정스러운 느낌, 이런 느낌 아주 좋고요. 출발이 좋습니다. 그치만 식당 내부로 진입하시면 임영웅 사진이 거의 100여 점에 육박하는 광경을 보실 수 있는데요. 여기가 쭈꾸미 집인지 임영웅 박물관인지 당최 모르겠는 식당입니다(사장님이 임영웅의 찐 팬이시라고 합니다).

메뉴는 쭈꾸미와 모둠 2가지가 있는데 고민하지 마시고 쭈꾸미와 키조개가 함께 나오는 모둠으로 주문하시면 됩니다. 밑반찬은 상당히 단출합니다. 어느 정도냐면, 제가 배고픈 대학생 시절

쭈꾸미를 불판에다 구워내는 게 아닌,
숯불로 직화 구이를 해 먹는 점도
상당히 마음에 듭니다.
탈 듯 말 듯 겉면이 맛깔스럽게
노릇노릇하게 타 들어갑니다.

자취할 때도 이거보다 잘 먹었다고 보시면 됩니다. 부족한 반찬 수는 술병으로 채우면 되고요.

목을 축이고 있으면 이어서 양념 때깔이 오지게 죽여주는 한 접시가 거하게 나옵니다. 반찬에 소홀하고 메인에 힘을 강하게 준 점, 상당히 맘에 들었고요. 여기에 쭈꾸미를 불판에다 구워내는 게 아닌, 숯불로 직화 구이를 해 먹는 점도 상당히 마음에 듭니다. 탈 듯 말 듯 겉면이 맛깔스럽게 노릇노릇하게 타 들어갑니다. 이제 잘 익은 관자구이와 함께 쭈꾸미를 집어넣고 멱살을 쥐어 올리듯 강하게 쌈 싸봤고요. 맛있게 매콤한 양념 맛이 중독성 있어 젓가락을 내려놓을 타이밍 잡기가 힘든 지경입니다.

여기서 그냥 가면 아쉽죠? 쭈꾸미볶음밥도 반드시 드셔보시기 바랍니다. 볶음밥을 볶으실 때 손목 스냅이 얼마나 요동을 치셨는지 양념 코팅이 아주 제대로입니다. 볶음밥을 주문하면 같이 나오는 서비스 된장찌개. 맛은 제가 더 잘 끓이겠다 싶은 맛이고요. 볶음밥만 오지게 퍼 올리시는 게 맞습니다.

이곳은 먹다 보면은 나도 모르게 임영웅마저 좋아지게 되는 집입니다. 건행.

#충무로맛집 #충무로노포 #쭈꾸미맛집

김사원's note

- 중독성 있는 맛! 많은 사람들에게 오랫동안 사랑받고 있는 충무로 노포 중의 노포!
- 쭈꾸미를 대체 몇 마리나 내어주시는 건지 너무나도 푸짐한 양입니다(그래도 쭈꾸미보다 임영웅 사진이 더 많습니다).

간판만 봐도 취하는 살벌한 포장마차
필동해물

| 해산물 |

주소 서울시 중구 필동로 30
찾아 가기 충무로역 1번 출구에서 도보 5분 거리
운영 시간 매일 15:00~22:30, 둘째 주 넷째 주 일요일 휴무
주요 메뉴 및 가격 해물 모둠: 30,000원

54년 된 전설의 포장마차 그리고 비밀의 2차 코스

간판만 봐도 취할 것만 같은 여기는 올해로 54년 된 충무로 전설의 포장마차입니다(실제로 간판이 찌그러져 있습니다). 외관을 보시면 현 시대에 영업을 하시는 게 기적이라고 볼 수 있는데요.
식당 내부 또한 역사의 현장입니다. 뭘 먹어도 일단 취할 것만 같습니다. 앉자마자 기본 서비스로 홍합탕이 묵직하게 나오는데요. 국물 색이 뽀얀 게 보기만 해도 벌써부터 내장 끝에서 개운함이 올라옵니다. 이런 집이야말로 먹다 깨고 먹다 깨고 하는 전설의 포차 아니겠습니까. 이 정도 퀄리티

의 안주가 기본 서비스로 나오는 게 그저 감사할 따름입니다. 사장님이 술꾼의 체력을 올려주신다고 볼 수 있고요.
메뉴는 고민하지 마시고 모둠으로 주문하시면

됩니다. 전복부터 문어와 꼬막 그리고 멍게, 소라에다 한치까지 상당히 훌륭한 구성입니다. 특히나 이 집만의 특제 초고추장이 상당히 맛이 좋습니다. 사실 외관에서 느껴지는 바로는 해산물을 최소 재작년쯤에 잡아 올렸을 것만 같은 느낌이지만, 먹어보면 오늘 아침에 갓 잡은 맛으로 싱싱함이 살아 있습니다. 해산물 밑에 깔린 미나리와 각종 풀떼기들도 입안으로 함께 가져가시면 되고요. 그야말로 버릴 구성이 없는 옴팡지는 한 접시입니다.

예스러운 외관과 심플하지만 싱싱하고 알찬 구성, 그리고 이 집 초고추장 하나만으로도 임팩트가 충분히 있습니다.

보너스로 여길 다녀가신 후에 2차 코스를 소개해드리자면, 식당에서 나오셔서 오른쪽으로 정확히 15초만 걸어가시면 맞은편에 '선미네마트'라는 가맥집이 나옵니다. 이어서 가기에 좋은 코스이니 꼭 함께 다녀가보시기 바랍니다.

#간판이예술 #모둠해물 #선미네마트

김사원's note

- 해물 모둠 한 접시면 더할 나위가 없는 가성비 훌륭한 해물 포차.
- 벚꽃이 필 때쯤에 가시면 환상적인 경치를 덤으로 만나실 수 있을 겁니다 (필동로는 많이 알려지지 않은 숨은 벚꽃 스팟입니다).

마포구 & 은평구 & 서대문구

강동원   소야일식   만남하우스
만두란   중국소홀   아저씨네낙지찜
목포식당   왕포수산
바다회사랑   이품
서산꽃게
영광보쌈
옛맛서울불고기
원조마포껍데기집

음식에서 잘생긴 맛이 느껴지는 집

강동원

| 중식 |

주소　서울시 마포구 망원로 3 1층
찾아 가기　망원역에서 마을버스 9번 탑승(도보로는 멉니다)
운영 시간　화요일-일요일 11:00~21:00
주요 메뉴 및 가격　흑후추 돈육덮밥:11,000원 / 어향동고: 38,000원 /
　　　　　　　　　탕수육 중: 25,000원 / 고기짬뽕: 12,000원

동네 사람들에게 무지하게 사랑받는
숨은 중화요리 고수!

망원 한강공원으로 가는 길목에, 간판 이름에서 이목을 끄는 집이 있습니다. 바로 '강동원'이라는 중국집입니다.

사실 이름 때문에 식당의 진정성을 의심했지만, 동네 사람들이 무지하게 애정하는 곳으로 상당한 내공이 있는 집입니다. 중국집답게 다양한 메뉴들이 즐비해 있지만, 반드시 주문하셔야 하는 메뉴를 꼽아보자면 우선 흑후추 돈육덮밥을 꼽겠습니다. 이 집만의 시그니처라고 볼 수 있는데, 달짝지근한 양념 맛과 불 맛 그리고 아삭한 채소들이 함께 어우러져 아주 훌륭합니다.

어향동고라는 메뉴도 굉장히 맛있는데 바삭한 튀김 속에 표고버섯이 들어가 있고 그 사이에 다

진 새우가 들어가 있습니다. 멘보샤 상위 호환 버전이라고 보시면 됩니다.

이 밖에도 이 집 단골들이 메뉴판을 보지도 않고 주문하는 메뉴로 고기짬뽕을 꼽을 수 있습니다. 메뉴 이름답게 고기가 그득하게 들어가 국물의 맛을 한층 더 끌어올려주는 진한 짬뽕 맛입니다.

특히나 이 집은 날씨 좋은 날에 방문하면 야장도 즐기실 수 있습니다. 그리고 도보 1분 거리에 망원 한강공원까지 함께 코스로 즐길 수 있기에 꼭 한 번 들러보시길 바랍니다.

#망원동맛집 #수상한중국집 #늑대의유혹

김사원's note

- 이제는 배우 강동원만큼이나 명성이 자자한 중국집.
- 달콤한 소스가 코팅되어 있는 탕수육도 강력 추천! 탕후루에 버금가는 바사삭!

옆집이 맛집인 집
만두란
| 샤오롱바오, 동파육 |

주소 서울시 마포구 동교로 81 1층 동측
찾아 가기 망원역 2번 출구에서 도보 7분 거리
운영 시간 월요일-일요일 11:00~20:30, 매주 화요일 휴무
주요 메뉴 및 가격 샤오롱바오: 8,000원 / 생생표고만두: 7,000원 / 동파육: 24,000원 / 광동식 볶음밥: 9,000원

회사에서 흘린 땀방울보다
더 가득한 육즙이 살아 있는 곳

망원동에는 손님이 무지하게 길게 줄을 늘어선 유명 우동집이 있는데요. 등잔 밑이 어두운 것마냥 그 식당 바로 옆에 맛집이 있습니다. 옆집 사람들이 웨이팅하고 있는 동안에 세 그릇은 족히 먹고 나올 수 있는 여기는 망원동의 명물 '망원동즉석우동' 바로 옆에 위치한 자그마한 중식당 '만두란'이라는 집입니다.

이곳에는 맛있는 메뉴들이 참 많습니다. 그중 첫 번째로 중국식 만두라고 볼 수 있는 샤오롱바오로 출발해보겠습니다. 육즙이 가득 차다 못해 넘쳐 흐른다고 볼 수 있습니다. 제가 지난해 회사에서 흘린 땀방울보다 육즙이 더 많다고 볼 수 있고요. 다진 고기가 잔뜩 들어가 간이 딱 적절하게 맛있는 만두였습니다.

이어서 동파육을 주문해봅니다. 돼지고기를 졸여서 만든 메뉴라고 볼 수 있는데, 두께감이 백과사전에 버금갑니다. 입에 넣자마자 살살 녹는 식감에다가 그 와중에 돼지고기 껍데기의 쫄깃한 식감은 고대로 살아 있습니다. 같이 나오는 아삭한 청경채와 함께 먹어주면 극락이 멀리 있지 않습니다. 아주 살벌하게 맥주 한 모금을 드링킹하고 이번엔 광동식 볶음밥도 주문해봅니다. 이거는 고민하지 마시고 반드시 주문하셔야 하는 메뉴라고 봅니다. 밥알 한 알 한 알의 코팅감도 완벽한데다 맛도 담백하면서 짭조름한 게 볶음밥의 정석이라고 볼 수 있습니다.

비록 옆집에 가려져서 널리 알려지지는 않은 집이지만, 메뉴 하나 빠짐없이 무지하게 맛있는 상당히 내공 있는 집. 이제 여러분이 어두운 등잔 밑에서 문을 열어볼 차례입니다.

#망원동맛집 #동파육맛집 #샤오롱바오

김사원's note

- 옆집의 긴 웨이팅 줄에 가려져 등잔 밑이 어두운 곳에 숨겨져 있는 맛집 (그치만 간판 불은 더 밝았던 집).
- 메뉴가 빨리 나오는 편이라 좋았던 집. 참고로 바로 1분 거리에 2호점도 있습니다.

※ 현재는 샤오롱바오가 없어져 무척 아쉽습니다.

김사원이
유튜브를 한 계기는?

대한민국 직장인이라면 누구나 그렇듯 저 역시 직장 생활에서 슬럼프를 경험했습니다. 매일같이 반복되는 일상에 치이고 살다 보니 직장 생활은 물론 삶에서도 무료함을 느꼈었죠. 무언가 새로운 도전이 필요했고 그렇다고 해서 거창한 도전보다는 새로운 취미를 가지듯, 색다른 시도를 해보고 싶었습니다. 저는 퇴근 후에는 동료들과 한잔하는 걸 좋아하는 흔한 직장인들 중 한 명이면서 맛집 유튜브 채널을 즐겨 보는 시청자였습니다. 그 와중에 '내가 더 맛집을 잘 아는데? 내가 하면 더 재밌게 잘하겠는데?' 하는 생각이 들면서 유튜브를 시작하게 되었습니다. 이렇게 시작한 채널에 생각보다 많은 구독자가 모이면서 유튜브는 취미이자 슬럼프의 탈출구가 되었습니다.

이 책을 읽으시는 분들 중에서도 유튜브를 해보고 싶은 직장인 분들이 굉장히 많을 겁니다. 유튜브는 대단하고 특별한 사람들만 하는 것이 아닙니다. 저처럼 평범한 사람도 할 수 있습니다.

혹시나 유튜브를 보다가 이것보다는 내가 더 잘하겠다 싶은 콘텐츠가 있다면 당장 도전해보시기 바랍니다.

보통 시작할 때 그런 생각이 드시는 분들이 성공할 가능성이 매우 크거든요.

서울 한복판에서 보물찾기 수준!
목포식당
| 이모카세 |

주소 서울시 마포구 동교로12길 21 영진종합시장 1층 10, 11, 12, 58호
찾아 가기 합정역 9번 출구에서 도보로 6분 거리
운영 시간 매일 17:00~23:00
주요 메뉴 및 가격 이모카세 1인: 40,000원

미친 코스가 쏟아지는 숨은 이모카세의 성지

합정동에서 망원동 쪽으로 걸어가다 보면 오른쪽 뒷골목에 영진종합시장이라는 건물이 있는데요. 마포구에 그것도 아주 핫한 동네인 합정에 이런 생뚱맞은 상가가 숨어 있다는 건 놀라운 일입니다.

건물로 들어가면 허름한 느낌과 음산한 분위기가 펼쳐지지만, 유독 한곳만 사람들이 몰려 있는 것을 발견하실 수 있습니다. 이곳은 날마다 술안주들을 미친 듯이 내어주시는 이모카세의 성지, '목포식당'이라는 집입니다.

밑반찬부터 제철 해산물, 각종 전과 고기류 등 음식의 스펙트럼이 너무나 광대해서 가늠이 안 되는 수준으로 굉장함을 느끼실 수 있습니다. 그리고 셀프로 달걀프라이를 만들어 먹을 수 있는데 이것도 묘미입니다. 마지막으로 꽃게찜이 피날레를 장식하는데, 정말 코스의 안주 하나하나가 예술입니다.

이곳은 4명 이상 오면 가장 베스트이기 때문에 모임으로도 좋습니다. 무엇보다 시기마다 제철 메뉴가 다르기 때문에 계절별로 오기 정말 좋은 집이라고 봅니다.

여담으로 유튜브 채널 '숏박스'의 가장 높은 조회수 영상 '장기연애 편'을 촬영한 장소가 바로, 이곳 '목포식당'입니다.

#합정맛집 #망원맛집 #역대급이모카세

김사원's note

- 모든 메뉴를 이모님께 온전히 맡겨야 하는 집.
- 꽃게찜이 나올 때는 반드시 공기밥 추가해서 비벼 먹기.
- 반드시 예약을 하시고 가는 게 좋습니다.

제철 해산물,
각종 전과 고기류 등
음식의 스펙트럼이
너무나 광대해서
가늠이 안 되는 수준입니다.

전국에서 대방어가 가장 많이 팔리는 집
바다회사랑
| 대방어회 |

주소 서울시 마포구 동교로27길 60
찾아 가기 홍대입구역 2번 출구에서 도보 9분 거리
운영 시간 매일 15:00~23:00
주요 메뉴 및 가격 대방어 소, 중, 대: 65,000원, 85,000원, 99,000원

겨울이 오면 생각나는
붕어빵, 롱패딩 그리고 바다회사랑

대방어는 살면서 한번은 꼭 먹어봐야 하는 생선회입니다. 대방어가 내 입맛에 맞는지 아닌지는 일단 제대로 된 곳에서 먹어본 후에 판단할 일입니다.

기름이 잘 차오른 겨울철 대방어는 참치 중에서도 최고급 어종인 참다랑어와도 견줄 만큼 아주 인기 있는 생선인데요. 이 '대방어'라는 키워드로 하나의 아이콘이 된 식당이 있습니다. 위치는 홍대입구역 인근에 있는 연남동.

매년 겨울철만 되면 연남동 바다회사랑 앞에는 길게 늘어선 줄로 장관을 이룹니다. '전국에서 대방어가 가장 많이 팔리는 집'이라는 수식어만 봐도 알 수 있듯이 서울에서 대방어로 아주아주 유

한 점만 먹어도
꽉 찬 기름기를
머금을 수 있게
작정하고 썰어낸
두툼한 두께감.

명한 집입니다.

추울수록 웨이팅이 어마어마하기 때문에 하루 날을 제대로 잡으시고 일찍부터 찾아가시는 걸 추천드립니다. 여행을 간다 생각하시면 줄 서서 기다리는 시간마저도 흥미진진하게 느끼실 수 있습니다.

무엇이 이 집을 그토록 유명하게 만든 걸까? 그 요인에는 여러 가지가 있습니다. 우선, 한 점만 먹어도 꽉 찬 기름기를 머금을 수 있게 작정하고 썰어낸 두툼한 두께감. 등살부터 가마살, 배꼽살까지 다양한 부위들을 골고루 펼쳐 내어주시는 먹음직스러운 플레이팅. 금액대가 있더라도 먹고 나면 압도적인 만족도를 확신하는 근본적으로 훌륭한 퀄리티. 초대리 밥부터 묵은지와 생와사비 등 기본기가 탄탄하면서도 부족함을 찾을 수가 없는 구성.

결론적으로 이 집은 빈틈을 찾기가 매우 어렵습니다. '얼마나 맛있는지 두고 보자' 하며 오랜 시간 기다렸던 사람들도 결국엔 매년 이 집을 찾아가게 되는 데에는 그만한 이유가 있지 않을까요?

어느덧 찬바람이 불고 길거리에 롱패딩이 보이기 시작한다면 연남동 '바다회사랑'을 들를 때가 되었다고 생각하시면 됩니다. 겨울철 대방어의 맛을 알아버리신 분이라면 일 년 중에 한 번은 방문해야 할 곳, 여기는 연례행사 현장인 '바다회사랑'입니다.

#대방어성지 #대방어1타맛집 #연남동맛집

김사원's note

- 웨이팅 꿀팁이라곤… 그냥 빨리 오시면 됩니다.
- 근처에 2호점도 있습니다. 바다회사랑 2호점은 2층까지 있어 회전율이 본점보다 조금 빠릅니다만, 웨이팅이 긴 건 마찬가지입니다.

 since 2010

아는 사람만 찾아가는 골목 안 숨어 있는 간장게장 집
서산꽃게

| 간장게장 |

주소 서울시 마포구 도화길 12-3
찾아가기 마포역 3번 출구에서 도보 4분 거리
운영 시간 매일 11:50~20:00
주요 메뉴 및 가격 간장게장 정식 1인: 40,000원

상다리 휘어짐! 비싼데 가성비(?)가 좋은 집입니다

대한민국 밥상의 명불허전 밥도둑. 밥도둑계의 대도로 거의 무기징역 수준의 메뉴 간장게장을 만나러 가볼 건데요.

여기는 마포역 인근에 위치한 '서산꽃게'라는 집입니다. 골목 깊숙이 숨어 있는데다 자그마한 동그란 간판이 전부여서 아는 사람만 찾아가는 집이라고 볼 수 있습니다. 식당 분위기는 명절 분위기가 느껴지는 가정집 스타일입니다.

메뉴는 간장게장 정식 단 하나만 판매하고 있습니다. 우선 상차림이 대박입니다. 뜨끈한 동태전과 맛살전, 계란찜과 게국지, 조기구이, 어리굴젓에다 감태. 여기에 각종 밑반찬들까지 화려하게 한 상이 깔립니다. 하나같이 맛과 퀄리티가 대박입니다.

양념의 맛은 짜지 않고
연한 편이라
손이 가는 그 과자보다
더 구수하고 중독적이고요.

그리고 오늘의 주인공. 알과 살점이 그득하게 찬 간장게장이 나옵니다. 간장게장도 어떤 게를 재료로 쓰느냐에 따라 여러 종류가 있지만 사실 제대로 드시려면 알이 그득하게 차 있는 암꽃게가 최고이고요. 그만큼 암꽃게가 가장 비싸기도 합니다. 양념의 맛은 짜지 않고 연한 편이라 손이 가는 그 과자보다 더 구수하고 중독적입니다.

게장뿐만 아니라 다양한 밑반찬들과 국물까지 밥 한 공기로는 택도 없습니다. 특히 감태 위로 어리굴젓을 올려 먹는 한입은 일품입니다. 마무리로 숭늉까지 먹고 나오면 먹을거리가 정말 풍요로운 근사한 명절이 따로 없습니다. 서산 출신 사장님의 제대로 내공 있는 전통 간장게장의 참맛을 보고 온 집. 여기는 마포에 있는 '서산꽃게'입니다.

#간장게장맛집 #마포맛집 #밥도둑계의대도

김사원's note

- 반찬이 너무 잘 나와서 여기가 간장게장 맛집인지 백반 맛집인지 헷갈릴 정도.
- 반드시 예약하고 가시는 걸 추천!

since 1978

보쌈김치의 정석이라고 볼 수 있는 집입니다
영광보쌈

| 보쌈 |

주소 서울 마포구 만리재로1길 14
찾아 가기 공덕역 4번 출구에서 도보 3분 거리
운영 시간 월요일-토요일 11:30~21:30
주요 메뉴 및 가격 보쌈: 26,000원 / 생굴(계절 한정 메뉴): 13,000원

오직 단일 메뉴! 정말 보쌈 하나만 파는 집

서울의 대표 직장인 상권으로는 광화문, 을지로 일대와 더불어 공덕 지역을 꼽을 수 있습니다. 사실 직장인 아저씨들이 바글대는 집들만 골라 가서도 실패 없는 맛집을 찾을 수 있습니다.

이분들은 퇴근 후, 아무 데나 앉아서 소중한 시간을 허비하지는 않습니다. 더군다나 퇴근 후에는 직장 근처를 한시라도 빨리 떠나고 싶은 분들입니다. 심지어 이 동네 직장인 아저씨들마저 줄 서서 먹는 집이면 그냥 고민하지 말고 따라서 줄 서시는 게 맞습니다.

공덕의 화려하고 높은 오피스 건물들 뒤로 푸근한 골목길에 자리한 이곳은 '영광보쌈'이라는 집입니다. 오직 보쌈 하나만 파는 집으로 메뉴를 고민할 필요가 없습니다. 단일 메뉴로 승부를 본다

시원하면서도 달큼한 김치와
부드럽고 야들야들한 보쌈이
입안에서 침샘과 함께
요동을 칩니다.

는 것은 그만큼 맛에 있어 자신감이 있다는 의미일 거고요.

이어서 멋들어진 한 상이 푸짐하게 깔립니다. 우선 얼큰한 시래기 콩나물 국을 한입 떠먹어봅니다. 소주를 안 시킬 수가 없는 맛입니다. 여기서 국물 리필을 안 한 적이 없을 정도로 맛있습니다. 그리고 지방과 살코기 부위가 적절한 비율로 있는 보쌈과 함께 보쌈김치를 먹어봅니다. 시원하면서도 달큼한 김치와 부드럽고 야들야들한 보쌈이 입안에서 침샘과 함께 요동을 칩니다. 이 집 보쌈김치는 정말 요물이 따로 없습니다.

참고로 저는 살코기와 비계가 적절히 섞은 부위를 좋아해서 보쌈 집에 가면 항상 지방이 있는 부위도 함께 내어달라고 말하는 편입니다. 개인적으로는 살코기만 있는 퍽퍽한 살을 그닥 좋아하지는 않습니다.

반찬 중에서 부추무침도 빼놓을 수 없는 히든카드입니다. 살짝 달달하면서 짭짤한 게 간이 딱 좋습니다. 보쌈과도 잘 어울리는 환상의 궁합이고요. 날씨가 추워지는 겨울철에 방문하시면 추가 메뉴로 굴을 별도로 주문할 수 있어 굴보쌈으로도 드실 수 있습니다.

무려 46년의 오랜 업력에서 깊은 내공이 느껴지는 집. 근처 직장인들에게 오랫동안 사랑받아온 데에는 그만한 이유가 충분히 있습니다.

#보쌈맛집 #보쌈김치지존 #공덕맛집

김사원's note

- 46년 업력. 단일 메뉴. 이 2가지 키워드라면 맛이 없을 수가 없습니다.
- 의외로 시래기 콩나물국 국물이 너무 맛있기에 해장술밥 같은 느낌으로 밥 말아 드시는 것도 추천. 진정한 고수들이 먹는 스킬입니다.

고기를 이토록 징하게 많이 주는 집은 처음입니다
옛맛서울불고기

| 소고기뭇국, 갈비탕 |

주소 서울시 마포구 창전로 45
찾아 가기 광흥창역 5번 출구에서 도보 5분 거리
운영 시간 화요일-일요일 11:00~21:00
주요 메뉴 및 가격 소고기뭇국: 14,000원 / 갈비탕: 15,000원

손님의 99%가 남기고 간다는 전설의 산더미 갈비탕집

이곳은 질 좋은 고기를 아주 질릴 정도로 퍼주시는 극한의 혜자 식당이라고 볼 수 있습니다. 광흥창역 인근에 위치한 '옛맛서울불고기'. 그렇다고 옛날 맛은 아닙니다. 이 집은 점심 메뉴인 소고기뭇국과 갈비탕이 유명한데, 방문해보시면 먼발치에서도 사람들이 많이 몰려 있는 걸 목격하실 수 있습니다.

먼저 소고기뭇국을 주문해봅니다. 재료는 국내산 육우만 쓰는데 양이 어마어마합니다. 비주얼이 너무나도 압도적이어서 숟가락을 집어넣을 틈이 없습니다. 고기가 어찌나 수북한지 숟가락을 넣는 순간 넘친다고 봐야 합니다. 단언컨대 뭇국인데 무보다 고기가 더 많습니다.

고기가 워낙에 많아서 고기 기름도 장난이 아닌

니다. 다행히도 느끼함을 잡아주는 마늘도 한 뭉텅이 올라가 있습니다. 한 입 먹어보면 육 향이 가득 느껴지는 게 맛 또한 참 좋습니다.

이번엔 갈비탕을 주문해보겠습니다. 뽀얗고 맑은 국물이 소고기뭇국과는 다른 점입니다. 국물이 오지게 맑은 게 거의 1급수 계곡물이 따로 없습니다. 민물고기 올라오는 줄 알았고요. 육질을 제대로 맛볼 수 있는 담백함이 참 좋습니다.

고기 또한 상당히 푸짐한데 갈빗대가 어마어마하게 큽니다. 거의 골프채라고 볼 수 있고요. 참고로 이 식당 옥상에 골프장이 있는데 갈빗대 채로 고대로 퍼팅 들어가시면 됩니다.

지금까지도 수많은 매니아들을 몰고 다니는, 마포에서는 정말 유명한 전설의 갈비탕집. 극한의 푸짐함을 맛보고 싶으시다면 점심 일찍 방문하시기 바랍니다.

#갈비탕맛집 #소고기뭇국 #합정맛집

김사원's note

- 진심으로 고기 먹다 지친 집은 여기가 처음입니다.
- 점심에 가시면 번호표 뽑고 대기하셔야 하는데, 은행보다도 제 차례가 안 오는 집입니다. 무조건 일찍 가시길.

살다살다 도심 한복판에 이런 집은 처음 봅니다
원조마포껍데기집

| 연탄구이 고기 |

주소 서울시 마포구 효창목길 9 1층
찾아 가기 공덕역과 애오개역 사이(한겨레신문 건물을 찾아가기)
운영 시간 월요일-토요일 17:00~23:00
주요 메뉴 및 가격 삼겹살: 10,000원 / 돼지갈비: 12,000원 / 껍데기: 8,000원

드라마 속 명소! 여기가 서울 한복판이었다고!?

서울 한복판에 이런 감성이 살아 있는 집이 아직까지 있을 줄은 몰랐고요. 드라마에 많이 등장하는 촬영 명소. 여기는 공덕동에 위치한 '원조마포껍데기집'입니다. 식당의 외관과 간판을 보면 당장이라도 쓰러질 것 같은 느낌. 언제 쓰러질지 몰라 찾아가봤습니다.

식당 분위기는 양복 주머니 한 켠에 사표를 들고 입장해야 할 것 같은 느낌입니다. 보통 사연 가지고는 범접하기 힘든 분위기라고 볼 수 있고요.

밑반찬은 상당히 구수한 느낌으로 깔립니다. 쌈 또한 밭에서 바로 따온 듯한 날것의 느낌. 시골 밥상이 따로 없고요. 이제 소금구이와 돼지갈비를 연탄불에 잘 익혀 쌈과 함께 푸짐하게 먹어봅니다. 솔직히 이런 분위기에서 맛이 없을 수가 있겠습니까. 이어서 두부가

독자 분들이 생각하시는
바로 그 맛 맞고요.
침을 꼴깍 넘어가게 하는
그 맛 맞습니다.

거의 한 모는 들어간 듯한 푸짐한 된장찌개가 서비스로 나옵니다. 국물 맛도 진한 게 술맛과 찰떡궁합인 것은 한 입으로 말해야 두 입 아플 정도입니다. 이어서 이 집 간판이 마포껍데기집인데 껍데기를 빼놓을 수 없습니다. 주문해봅니다. 연탄불에 구워진 쫀득한 껍데기 맛은 말해 뭐합니까. 독자 분들이 생각하시는 바로 그 맛 맞고요. 침을 꼴깍 넘어가게 하는 그 맛 맞습니다. 특히나 사장님이 상당히 친절하신데, 중간중간 필요한 게 없는지 물어봐주십니다. 된장찌개도 한 그릇 더 필요한지 물어봐주시는데 따스함을 느낄 수 있었습니다. 아무래도 연탄불이 따스해서 그런 걸 수도 있으니, 참고해주시고요.

#공덕동맛집 #돼지갈비맛집 #껍데기맛집

김사원's note

- 드라마 〈미생〉과 〈시그널〉 속 그 집! 정겨운 분위기 속 따스한 시간을 보낼 수 있는 노포입니다.
- 연탄불에 구워낸 생선구이 메뉴도 일품!

매일 다른 요리가 나오는 가성비 최고의 심야 식당

소야일식

| 심야식당 오마카세 |

주소 서울시 은평구 불광로14길 4 더클래스 1층
찾아 가기 독바위역 1번 출구에서 도보 3분 거리
운영 시간 심야 코스 22:30~
주요 메뉴 및 가격 심야식당 오마카세 1인: 36,000원

드라마 속에서만 보던 식당을
현실에서도 경험할 수 있는 곳입니다

밤 10시 30분부터 시작하는 아주 특별한 심야 식당이 있습니다. 은평구 독바위역 인근에 위치한 '소야일식'이라는 곳인데요. 총 7석의 카운터 석으로만 이루어져 있는 아주 자그마한 집입니다. 조용히 혼술을 하기에도 너무나도 좋은 곳입니다.

메뉴는 그날그날 주인장 마음대로 랜덤으로 나와 더 매력적인데요. 하나같이 훌륭한 안주들로 구성되어 있어 술맛을 돋게 합니다. 안주의 구성은 사시미부터 구이, 조림, 튀김, 무침, 탕류까지 스펙트럼이 매우 넓은데 전반적으로 간이 약간 센 편이라 술 마시기에 더할 나위 없습니다.

무엇보다 가성비가 미친 수준입니다. 어떻게 이

가격에 이런 구성을 펼쳐낼 수 있을까. 놀라운 점은 이뿐만이 아닙니다. 어떻게 이 다양한 요리들을 혼자서 다 할 수 있을까? 아주 맛나게 먹으면서도 이 광경을 보면 신기할 따름입니다. 주류의 종류도 매우 다양해 새로운 술을 접해보는 경험을 할 수 있습니다.

특별하면서 훌륭한 밤을 보내고 싶은 분들. 특히 심야 식당만의 낭만을 제대로 느껴보고 싶으신 분들에게 이곳을 추천합니다. 항상 드라마 속에서나 머릿속으로만 그려왔던 스토리. 늦은 밤 조용한 심야 식당에서 맛있는 안주와 기분 좋게 취하고 집으로 돌아오는 상상을 현실로 만들 수 있습니다.

#가성비최고 #심야식당 #독바위맛집

김사원's note

- 우리 집 근처에 있었더라면….
- 금요일이나 토요일 밤이 아니면 예약하기가 수월한 편입니다.
- 100% 예약제 식당입니다. 심야 예약은 문자로만 받습니다.

검색해도 안 나오는 리얼 본토 중식당

중국소흘

| 중식 |

주소 서울시 은평구 통일로80길 10
찾아 가기 연신내역 1번 출구에서 도보 3분 거리
운영 시간 월요일-토요일 11:30~22:00
주요 메뉴 및 가격 매운 바지락: 15,000원 / 쯔란 양고기: 16,000원 /
　　　　　　　　　가지볶음밥: 7,000원

살발한 맛에 압도당한 리얼 본토 중식당

가게 외관은 신석기시대 움집 같은 느낌. 식당은 정말 깊은 지하에 위치해 있는데 아주 살발한 분위기를 풍깁니다. 이곳은 본토 중국 음식을 판매하는, 동네 사람들만 안다는 제대로 숨은 맛집인데요. 메뉴는 김밥천국에 버금가는 수준으로 많은데, 그 와중에서 잘 나가는 메뉴들로만 주문해보았습니다.

바지락이 듬뿍 올라간 매운 바지락볶음부터 출발했는데, 자박하게 깔린 국물에서 불 향이 그득합니다. 여기에 옥수수면을 추가해서 먹어봤는데, 차이나 파스타라고 볼 수 있고요. 면의 탄력성이 보통이 아닙니다.

이번엔 쯔란 양고기로 이어가보겠습니다. 양고기 육질은 살짝 질긴 듯하면서도 쫀쫀하게 씹히

바지락이 듬뿍 올라간
매운 바지락볶음부터 출발했는데,
자박하게 깔린 국물에서
불 향이 그득합니다.

는 맛이 좋았고요. 칼칼 매콤한 양념에서 고량주를 들이켤 수밖에 없습니다. 그리고 사장님께서 강력하게 추천해주신 메뉴, 가지볶음밥은 정말 신세계입니다. 가지의 단맛이 잔잔하게 느껴지면서 고기 없이 채소만으로 이렇게 맛있을 수가 있나 싶은 맛입니다.

어느새 고량주에 얼큰해져버린 나머지 귀가하는 길에 취권을 멈출 수가 없는 집이었습니다.

#은평구맛집 #리얼중식맛집 #누구나성룡가능

김사원's note

- 모든 메뉴가 거를 타선이 없는 찐 맛집.
- 검색해도 안 나오는 집이라, QR코드를 꼭 스캔해보고 가시기 바랍니다.

since 2015

찾아가기도 힘든 시골 같은 집
만냥하우스

| 떡볶이, 김밥전 |

주소 서울시 서대문구 성산로 402-1
찾아 가기 연세대학교 운동장을 찾아가시면 됩니다(그 맞은편에 있음)
운영 시간 매일 18:00~01:00
주요 메뉴 및 가격 메추리알떡볶이: 10,000원 / 김밥전: 6,000원 /
  잔치국수: 6,000원

아무로 모르는 집에서 이제는 핫플레이스로!

제가 이 집을 유튜브에 소개할 당시만 하더라도 제대로 된 블로그 후기가 단 1개밖에 없었던 집이었지만, 현재는 블로그 후기가 100개는 족히 넘습니다. 각종 SNS 등을 통해서도 알려지게 되면서, MZ세대들은 물론 인근의 어르신들께까지 아주 많은 이들에게 사랑받게 된 여기는 연세대학교 인근에 위치한 '만냥하우스'라는 집입니다.

역세권도 아닌데다 큰길가에 놓여져 있어 '이런 데에 식당이 있나?' 싶을 정도로 뜬금없는 위치에 자리하고 있습니다. 식당 이름답게 안주들의 가격이

만 원 안팎으로 포진되어 있으며, 5천 원가량의 저렴한 안주들도 다양하게 있습니다. 저는 사실 최소 10번은 넘게 가본 집이라 이 집의 거의 모든 메뉴들을 먹어봤지만, 반드시 주문해야 하는 메

뉴로 딱 2가지만 뽑아보자면 메추리알떡볶이와 김밥전을 고르겠습니다.

우선 뜨끈한 오뎅탕부터 서비스로 내어주시는데 벌써부터 인심이 느껴집니다. 달달하고 꾸덕한 양념의 메추리알이 듬뿍 들어간 떡볶이는 기분 좋은 탄수화물 집합체로 스트레스 해소에 아주 좋습니다. 맵지는 않은 편이어서 맛이 강렬하진 않지만, 충분히 중독성 있습니다. 여기에 방

금 부쳐낸 뜨끈한 김밥전은 그냥 먹어도 맛이 좋지만 떡볶이 양념에 찍어 먹어주면은 아주 별미입니다. 그리고 겨울철에 먹을 수 있는 꼬막과 정성스럽게 내어주시는 잔치국수도 추천드립니다.

한 가지 추억을 얘기해보자면, 아주 자그마한 가게이지만 안에 나름 대형 TV가 있어 월드컵 시즌에는 축구펍 저리 가라 할 정도로 분위기가 좋았습니다.

분식집 겸 밥집 겸 술집 겸 뭐든 가능한 집, 푸근한 분위기에서 언제든 만족감을 느낄 수 있는 여기는 '만냥하우스'입니다.

#만원만챙기면 #무엇이든가능

김사원's note

- 분식집 겸 밥집 겸 술집 겸 다 가능한 집.
- (꿀 정보는 아니고 그냥 정보.) 사람들이 매우 오래된 노포로 알고 있는데 알고 보면 나름 신상 집입니다.

이게 기본 서비스!? 상차림이 오지는 집
아저씨네낙지찜

| 삼겹낙지찜 |

주소 서울시 서대문구 연세로5다길 39
찾아 가기 신촌역 1번 출구에서 도보 5분 거리
운영 시간 매일 11:00~22:00
주요 메뉴 및 가격 낙지찜 2인: 30,000원 / 삼겹낙지찜 2인: 35,000원

신촌에서 이 정도로 오래 살아남은 집은 없습니다

신촌이라는 지역은 한두 달만 지나도 새로운 식당들이 생겨나는 변화무쌍한 대학가입니다. 이런 상권에서 무려 29년이나 한자리를 지키고 있는 식당이 있는데요.

종로에서 이 정도의 업력은 거의 신장개업 수준이겠지만, 신촌이라는 동네의 특성을 고려하면 매우 드문 케이스라고 볼 수 있습니다. 식당 이름은 '아저씨네낙지찜'. 제가 여기를 다닌 지도 8년이나 되었는데 아저씨를 본 적이 없습니다. 항상 아주머니 분들만 계셨고요.

내부는 푸근한 분위기가 느껴지는데 거의 30년 된 가게치고는 상당히 깔끔한 편입니다. 이 집의 메인 메뉴는 낙지찜이지만 개인적으로는 삼겹살이 추가된 삼겹낙지찜을 추천드립니다. 육해공

삼겹낙지찜.
육해공 중에 육과 해를 동시에 잡는 데는
단돈 5천 원 정도만 추가하시면 됩니다.

중에 육과 해를 동시에 잡는 데는 단돈 5천 원 정도만 추가하시면 됩니다.

무엇보다 이 집은 기본 구성이 참 좋습니다. 메인 메뉴가 나오기 전에 한 상이 거하게 깔리는데요. 부들부들한 계란찜 그리고 부추전과 홍합탕까지 이 모든 것이 기본 서비스입니다. 추가 메뉴로도 손색 없는 수준의 구성이 기본 서비스라니 벌써부터 설렙니다.

드디어 메인 메뉴인 삼겹낙지찜이 큰 불판에 정갈하게 나옵니다. 불판 위에 잘 양념된 삼겹살과 낙지를 펼쳐보면 양이 어마어마한 것을 확인하실 수 있습니다. 이제 탱글한 식감의 잘 삶아진 낙지와 삼겹살을 함께 먹어봅니다. 자극적인 양념이 아닌 은은하게 매콤한 맛으로 젓가락질을 멈출 수 없습니다. 무엇보다 숨을 완전히 죽이지 않은 콩나물의 식감이 적당히 아삭하고 좋습니다. 양념이 워낙 맛이 좋기 때문에 마무리 볶음밥은 선택이 아닌 필수입니다. K-디저트라고 생각하시고 배가 부르셔도 꼭 드셨으면 합니다.

기본 찬 구성부터 메인 메뉴, 마무리 볶음밥까지 손색이 없는 곳. 누구나 좋아할 만한 맛이라는 게 이런 데를 두고 하는 말이 아닐까 싶습니다.

#신촌맛집 #볶음밥맛집 #아저씨는어디에

김사원's note

- 최소 10번은 넘게 간 단골집.
- 홍합탕은 심지어 무한 리필이니, 술 드시는 분들은 주의하시기 바랍니다.

가성비 미친 연희동의 보물
왕포수산

| 회 코스 |

주소 서울시 서대문구 연희맛로 5 2층
찾아 가기 신촌역에서 마을버스 탑승(근처에 지하철역이 없습니다)
운영 시간 매일 16:00~24:00
주요 메뉴 및 가격 오늘의 특선(회+해산물+탕): 60,000원 / A코스 1인: 50,000원(1인) / 왕포 코스 4인: 120,000원

인당 가격이 아니라 다 합쳐 이 가격이라고!?

연희동 산책을 하다가 우연히 플래카드를 보고 입장하게 된 집입니다. 2~3인 기준인 특선 메뉴가 '회 + 해산물 + 꽃게탕 = 5만 원'이라는 플래카드였습니다. 인당 가격이 아닌, 2~3인 기준으로 다 합쳐 5만 원인 점에 식당 안으로 빨려들어 갈 수밖에 없었고요.

내부는 상당히 깔끔한 분위기인데다 수저도 깔끔하게 내어주시는 점이 참 인상 깊었습니다. 이어서 정갈하게 음식들이 나옵니다. 쌈과 함께 달래가 나오는 점도 특별했고요. 회는 숙성회로 아주 찰지면서 평소에 두툼하게 썰어주는 집들보다도 더 두껍게 썰어주십니다. 무엇보다도 회의 양이 압도적입니다. 거기에 생선의 원물을 좋은 걸로 쓰시는 점에서 과연 사장님은 돈 버실 생각이 있으신가? 의문이 들었고요. 이어서 산낙지, 멍게, 석화 등 해산물도 쏟아져 나옵니다. 싱싱함은 물론이고 입안에 바다를 넣어 혀가

싱싱함은 물론이고
입안에 바다를
넣어 혀가
헤엄치는 맛입니다.

헤엄치는 맛입니다. 여기에 꽃게탕 혹은 매운탕이 나오는데, 살점이 어찌나 많은지 거의 생선이 한 마리 채로 들어간다고 보면 됩니다. 손수제비 추가는 선택이 아니라 필수이고요.

실제로 사장님께 땅 파서 장사하시냐고 조심스레 여쭤봤고요. 사장님께서는 매일 아침마다 경매로 고기를 가져온다고 하시는데, 그야말로 오지는 경매 실력이라고 볼 수밖에 없습니다.

#연희동맛집 #미친가성비 #오지게두툼

김사원's note

- 말도 안 되게 잘 나오는 집! 사장님 손이 엄청 크십니다.
- 이 집에 A코스라는 메뉴가 있는데 2명이면 랍스타, 3명이면 대게, 4명이면 킹크랩이 나오는 미친 코스라고 하니 참고하시기 바랍니다.
- 매운탕 드실 때 2천 원짜리 수제비는 필수. 기성품 수제비가 아닌 직접 뜯어 먹을 수 있는 손수제비가 나옵니다.

since 1998

맛있는 중국집의 정석! 모범적인 중국집입니다

이품

| 중식 |

주소 서울시 서대문구 연희로11길 20
찾아 가기 신촌역에서 버스 탑승
운영 시간 매일 11:00 ~21:00, 매주 화요일 휴무
주요 메뉴 및 가격 간짜장: 8,500원 / 군만두: 9,500원 / 탕수육: 20,000원

김사원이 살면서 가장 많이 가본 중국집

연희동의 명물이라고 볼 수 있는 '사러가마트' 바로 오른쪽 골목에 위치한 식당입니다. 연희동에는 유명한 중식당들이 많은데요. 유명 셰프인 이연복 셰프의 식당 '목란' 역시 연희동에 위치해 있습니다.

이번에 소개하는 식당은 개인적인 사심이 많이 들어간 집입니다. 중국집 중에서는 제가 서울에서 가장 많이 가본 집으로 이 식당이 위치한 동네마저 사심이 많이 들어 있습니다.

사실 연희동은 제가 서울에서 가장 좋아하는 동네인데요. 연희동을 걸을 때면 동네 골목골목마다 느껴지는 특유의 평화로운 분위기가 참 좋습니다. 언젠가 먼 훗날에 은퇴 후 서울에서 가장 살아보고 싶은 동네로 연희동을 꼽고 싶습니다. 마음의 안정감과 평온함을 느

밥알 한 알 한 알을
고슬고슬하게 볶아내어
코팅감이 제대로입니다.

군만두로만 15년을 버틴
올드보이 오대수 형님도
이품의 군만두를 먹었더라면
5년은 더 버틴다고 봅니다.

껴보고 싶으신 분이라면 주말 오전에 연희동으로 산책을 떠나보시길 추천드립니다.

본론으로 돌아와 식당 이야기를 하자면, 이곳은 기본기가 탄탄한 빈틈없는 중국집이라고 볼 수 있습니다. 맛있는 중국집의 정석이라고 볼 수 있으며 생각보다 이런 중국집을 찾는 건 쉽지 않습니다.

우선 간짜장은 흠 잡을 데 없는 맛있는 맛입니다. 상당히 모범적인 짜장면이라고 볼 수 있습니다. 탕수육도 정말 기본 중의 기본. 정석적인 맛입니다. 이 집의 볶음밥은 제가 상당히 좋아합니다. 밥알 한 알 한 알을 고슬고슬하게 볶아내어 코팅감이 제대로입니다. 거기에 화룡점정으로 겉면을 바삭하게 튀기듯이 만든 달걀프라이를 올려주시는 데 아주 기가 막힙니다.

무엇보다 이품은 군만두가 참 맛있습니다. 만두피가 다소 두꺼운 편이며 상당히 쫄깃한 편입니다. 따끈하게 나올 때 바로 집어 드시기 바랍니다. 군만두로만 15년을 버틴 올드보이 오대수 형님도 이품의 군만두를 먹었더라면 5년은 더 버틴다고 봅니다. 영화 안 끝날 뻔했고요.

평범할 수 있지만 기본기가 무지 탄탄한 질리지 않는 중국집. 연희동의 '이품'입니다.

#연희동맛집 #군만두맛집 #볶음밥맛집

김사원's note

- 연희동은 제가 7년간 거주했던 서울에서 가장 좋아하는 동네입니다.
- 다른 건 몰라도 군만두는 꼭 시키고 보자.

서울시 마포구 & 은평구 & 서대문구

동대문구 & 성동구 & 광진구

간판 없는 순댓국집
고흥아줌매
남도보쌈파전
다퍼줘
영화장
우일식당
이문동그집

만물슈퍼
소나무
조개도
행복한식당
훼미리손칼국수보쌈

남한강민물매운탕
새맛식당
송림식당
안주나라
물풀목주먹고기
이신돈해물삼합 전문점

진짜로 술맛 지리는 미스터리한 국밥집
간판 없는 순댓국집
| 순댓국 |

주소 서울시 동대문구 하정로4길 12
찾아 가기 신설동역 4번 출구에서 도보 3분 거리
운영 시간 사장님 마음(대략 10시쯤 오픈하고 재료 소진 시 영업 종료)
주요 메뉴 및 가격 순대국밥: 8,000원 / 머리고기 소: 15,000원 / 머리고기 대: 20,000원

오후 반차와 함께 혼술을 할 수 있는
여유가 주어진다면 단연 이곳!

남은 연차를 다 소진해야 하는 시점. 연말이 다가오는 추운 겨울날, 아무런 계획도 없이 오후 반차 결재를 상신하고 대낮부터 회사 밖으로 나온 날이었습니다. 회사 앞 버스정류장에서 '오늘은 어디로 여행을 갈까?' 하고 잠시 고민을 하던 찰나 칼바람이 오지게 부는 추운 날씨 덕분에 3분도 채 지나지 않아서 결정할 수 있었습니다.

소중한 반차와 맞바꾼 곳은 바로, 조금만 늦게 가도 재료 소진으로 일찍 문을 닫아버리는 이곳. 신설동역 인근에 위치한 '간판 없는 순댓국집'으로 불리는 곳입니다. 40년이 훌쩍 넘은 업력으로, 외관만 봐도 감히 범접할 수 없는 그야말로 살벌한 분위기.

토렴식으로 담아주셔서 묵직함이 살아 있습니다. 진득한 국물을 맛보면 소주를 안 시킬 수가 없습니다.

조심스레 문을 열어보니 다행히 한 자리가 비어 있어 앉긴 했습니다만, 테이블에는 미처 다 치우지 못한 그릇들이 가득했습니다. 이 집은 연세가 지긋하신 할머님께서 혼자 운영하시는 자그마한 식당이라 국밥 한 그릇을 먹으려면 인내가 따릅니다(가끔 두 분이서 일하실 때도 있다고 합니다).

그럼에도 이 집을 방문해야 하는 이유는 차고도 넘칩니다. 여느 흔한 프랜차이즈 국밥집에서는 감히 범접할 수 없는 이 집만의 독보적인 스타일은 그 어느 곳에서도 경험할 수 없습니다.

넘칠 듯하게 듬뿍 담겨진 살코기들을 옆으로 하고 국물 한 숟가락을 떠먹어봅니다. 토렴식으로 담아주셔서 묵직함이 살아 있습니다. 진득한 국물을 맛보면 소주를 안 시킬 수가 없습니다. 술을 시키면 주인 할머님께서 술안주 겸 머리고기 몇 점을 내어주십니다. 너무나도 정감 가는 식당입니다.

어릴 때는 식당에서 혼자 낮술을 하는 사람들을 보면 사연이 있는 줄 알았습니다. 하지만 어느덧 어른이 되어 낮술을 해보니 제 앞에 훌륭한 술안주가 있는 거 말고는 아무런 사연이 없습니다. 온전히 나 자신과 맛있는 음식에 집중할 수 있는 참으로 행복한 순간입니다.

간판도 없고, 특사이즈도 없고, 순대도 없는 순댓국을 내어주는 정말 미스터리한 집이지만 저에게 계획 없는 오후 반차와 함께 혼술을 할 수 있는 여유가 주어진다면 1초의 망설임도 없이 이 허름한 순댓국집으로 향하겠습니다.

#낮술필수 #반차맛집 #사연없어도가능

김사원's note

- 누가 같이 가자 해도 혼자서 가고 싶은 집.
- 반드시 현금 지참하기(할머님께서 카드 기계를 다루실 줄 모르십니다).
- 반드시 저녁이 아닌 점심에 방문하기.

since 1995

석화찜을 저렴한 가격에 푸짐하게 먹을 수 있는 집

고흥아줌매

| 석화찜 |

주소 서울시 동대문구 왕산로35길 7
찾아 가기 청량리역 1번 출구에서 도보 1분 거리
운영 시간 매일 11:00~21:00, 매주 수요일 휴무
주요 메뉴 및 가격 석굴찜: 25,000원 / 한우육회: 17,000원 / 벌교꼬막: 12,000원 / 바지락수제비: 7,000원

무조건 혼나고 나오는 집입니다

굴의 계절이 오면 반드시 스쳐가야 하는 집. 푸짐한 굴찜을 아주 저렴한 가격에 먹을 수 있는 이곳은 청량리에 위치한 '고흥아줌매'. 아줌마 아니고요, 아줌매입니다. 참고로 고흥은 통영과 더불어 우리나라 대표적인 굴 산지인데요. 그만큼 사장님께서 굴에 대한 자부심이 엄청나십니다.

외관은 평범해 보이는 동네에 흔한 식당 같아 보이지만 웬만한 사람은 평범하게 나올 수 없는 그야말로, 정말로 강력한 집입니다. 동네 주당 어르신들로 보이는 단골 분들도 나가실 때는 거의 경기 중에 부상당한 선수마냥 서로를 부축하며 나가는 광경을 목격할 수 있습니다.

이 집의 밑반찬들은 공산품 일절 없이 손수 만드신 집밥 스타일이라 하나같이 맛이 참 좋습니다. 이제 이 집의 대표 메뉴 석화찜을 탐구해볼 차례입니다. 한 솥 가득 푸짐하게 내어주시는데, 바쁘시지 않을 때는 직접 까주시

이 집의 굴은
정말 부드럽고
탱글탱글하면서
짭조름한 맛이
너무나도 맛있습니다.

기도 합니다.
아마 이 집을 처음 가보시는 분이시라면 사장님께 혼 좀 나실 텐데 방지를 위해 미리 기출문제 알려드립니다. 일단 굴 원산지를 물어보시면 혼이 납니다. 혹시나 "통영 굴인가요?" 하고 물어보면 나가서 간판 보고 들어오라고 하십니다. 밥 먹다 일어나기 싫으시면 조심하시고요. 초장 없냐고 물어보시면 혼납니다. 생굴과 달리 찐 굴은 간이 되어 있어 본연의 맛을 그대로 느껴야 하므로 그냥 드시기를 권하십니다. 초장 맛은 재료 본연의 맛을 해친다는 말씀이신데 저 또한 동의하는 부분입니다. 이 집의 굴은 정말 부드럽고 탱글탱글하면서 짭조름한 맛이 너무나도 맛있습니다.
굴만 먹고 나가기엔 아쉽죠. 육회를 주문합니다. 육 향 제대로 올라오는 좋은 육질의 고기를 쓰는 건 기본이고 다소 달달한 양념 맛이 술맛을 제대로 끌어올립니다. 여기서 또 기출문제 나갑니다. 같이 나오는 배를 육회에 섞어 드시면 물이 생긴다고 혼납니다. 반드시 따로 곁들여 드시기 바랍니다. 그 외에도 벌교꼬막과 수제비 등 맛있는 안주들이 즐비해 있는 집입니다. 여기는 말 그대로 고흥 출신 아줌매가 운영하시는 식당. 눈치채셨겠지만 혼내시는 대목에서 시장 특유의 정겨움이 묻어납니다. 굴 철이 되면 생각나는 곳입니다.

#굴은고흥 #잔소리맛집 #무조건혼남

김사원's note

- 시장 특유의 분위기와 위생에 민감하신 분은 권장하지 않습니다.
- 밥을 주문하면 대접에 내어주십시오. 이 집 밑반찬들과 육회와 함께 비벼 먹으면 극락.

since 2019

먹어본 보쌈김치 중 단연코 원톱!

남도보쌈파전

| 보쌈김치 |

주소 서울시 동대문구 장한로27가길 28 1층
찾아 가기 장한평역에서 도보 27분 거리
운영 시간 월요일-토요일 12:20~22:30
주요 메뉴 및 가격 보쌈 소, 중: 38,000원, 55,000원 / 해물파전: 20,000원

보쌈김치 오지게 살발한 집

역에서 도보 27분. 여기는 찾아가는 것부터가 레전드의 시작입니다. 장안동 구석에 숨어 있는 푸근한 느낌이 물씬 나는 간판. 식당 이름은 '남도보쌈파전'. 이렇게 찾기 힘든 집인데도 식당 안은 문전성시를 이룹니다. 식당 이름에서 알 수 있듯이 이곳은 보쌈 전문점입니다.

주문을 하면 먼저 밑반찬이 아주 옹골차게 깔립니다. 반찬 하나하나가 거를 타선이 없는 막걸리 안주라고 보시면 됩니다. 곧이어 보쌈고기와 함께 거의 배추 한 포기를 뽑아다 놓은 듯한 김치가 한 상 나옵니다. 살면서 이렇게 충격적인 비주얼의 보쌈김치는 처음 봅니다. 대장금 누님이라도 여기에 공기 밥 두 그릇은 쓱싹 비우고 나올 법한 포스. 매콤 칼칼하면서 시원한 김치 맛은 정말로 일품입니다.

보쌈고기와 함께
거의 배추 한 포기를
뽑아다 놓은 듯한 김치가
한 상 나옵니다.

보통은 굴을 별도로 추가해야 하는데, 여기는 기본이 풀옵션입니다. 상당히 혜자스러운 구성이고요. 쫀쫀한 살점의 보쌈과 함께 먹으면 최고의 궁합이 따로 없습니다. 보통 식당에 가면 기본으로 안주 2개는 시키는 게 상도덕이지만, 양이 어찌나 많은지 이 집에서는 지키지 못했습니다. 밑반찬부터가 안주라고 볼 수 있는 수준이기에 페이스 조절을 잘하시기 바랍니다.

참고로 외식하러 갈 때 먹을 게 마땅치 않다 싶은 경우에 식당 고르는 팁. 수년간의 외식 경험을 바탕으로 말씀드리자면, 간판에 전라남도 지역명이 적혀 있으면은 상당히 높은 확률로 맛집인 경우라고 보시면 됩니다.

#굴보쌈맛집 #장안동맛집 #역에서버스타야함

김사원's note

- 이토록 살발한 보쌈김치는 처음 봤습니다.
- 굴은 혹시 모를 노로바이러스 때문에 살짝 익혀서 넣는다고 하십니다.
- 안심하고 즐길 수 있는 집!

해산물계의 다이소
다퍼줘
| 해산물 |

주소 서울시 동대문구 왕산로 155 1층
찾아 가기 청량리역 1번 출구에서 도보 3분 거리
운영 시간 매일 10:00~22:00, 매주 수요일 휴무
주요 메뉴 및 가격 전복회 10,000원 / 전복버터구이(10개): 20,000원 /
해물탕: 20,000원 / 연포탕: 30,000원 / 해물라면: 5,000원

전복찜이 10마리에 만 원!? 가성비 극강의 해산물 집

이 집의 가격을 보시면 놀랄 노 자의 향연. 사실상 해산물계의 다이소라고 보시면 됩니다. 식당 내부는 오일장에 나와 있는 듯한 시끌벅적한 분위기입니다. 같이 간 동행자들과의 의사소통은 카톡으로 하시는 게 좋을 수도 있습니다.

메뉴가 수십 가지로 상당히 많은데, 상차림비가 1인에 천 원입니다. 상차림비를 받는다는 건 고깃값이 저렴한 정육 식당에서나 볼 법한데 그만큼 이 집도 저렴한 집이라는 것을 알 수 있고요.

전복찜이 10마리에 만 원, 모둠회 만 원, 가리비, 석화, 낙지, 꼬막찜, 쭈꾸미도 만 원대에 즐길 수 있습니다. 심지어 20마리에 가까운 새우찜은 7천 원. 가성비가 미친 수준이라고 볼 수 있고요. 이

밖에도 암꽃게찜, 문어찜, 새조개 샤브샤브 등 다양한 메뉴들이 있는데 개인적으로 추천하는 메뉴로는 싱싱한 전복회와 전복버터구이 그리고 해산물이 상당히 실하게 들어간 단돈 5천 원짜리 해물라면을 추천드립니다.

여기는 아주 싱싱한 해산물을 저렴한 가격에 다양하게 즐길 수 있는 정말 훌륭한 집, '다퍼줘'입니다.

#청량리맛집 #해물천국 #청량리맛집

김사원's note

- 고깃집에는 정육 식당이 있다면, 해산물 집에는 바로 이 집이 있습니다.
- 메뉴가 워낙 다양하니, 모둠회보다는 평소에 자주 접하지 못하는 해산물을 먹어보자.

since 1970

중식계의 역사 스페샬

영화장

| 간짜장 |

주소 서울시 동대문구 휘경로 3-8
찾아 가기 외대앞역 1번 출구에서 도보 3분 거리
운영 시간 화요일-일요일 11:30~21:00
주요 메뉴 및 가격 고추삼선간짜장: 11,000원 / 탕수육: 23,000원 /
삼선백짬뽕: 12,000원

블루리본 맛집 12관 왕 수상, 도대체 어느 정도이길래?

식당 외관은 홍콩 영화에나 나올 법한 전경입니다. 이곳은 맛있는 중국집으로는 빠지지 않는 곳, 외대 앞 '영화장'입니다. 이 집을 인터넷에 검색해 보시면 키워드가 여러 개 있습니다. '서울 3대 탕수육', '서울 3대 짜장 맛집', '서울 굴짬뽕 성지' 등 맛있는 타이틀은 다 가지고 있습니다.

저는 이 집에서 청양고추가 들어간 고추삼선간짜장을 특히나 좋아합니다. 소스를 부을 때부터 고소하면서 매콤한 냄새가 진하게 올라오는데, 힘들이지 않고도 아주 잘 비벼지는 질감이 너무 좋습니다.

모든 테이블에 공통적으로 올라가 있는 탕수육을 비롯해, 삼선백짬뽕까지 모든 메뉴가 맛있습니다. 레벨이 다른 중

레벨이 다른 중국집이란 이런 집을 두고 하는 소리가 아닐까 싶습니다.

국집이란 이런 집을 두고 하는 소리가 아닐까 싶습니다.

중식 매니아라면 반드시 먹어봐야 하는 집. 이 말은 잘못된 말입니다. 왜냐하면 중식 매니아시라면 무조건 이미 먹어본 집이기 때문이죠.

#화상노포 #간짜장맛집 #탕수육맛집

김사원's note

- 중식 매니아들 사이에서도 손에 꼽히는 전설적인 중국집.
- 겨울 한정 메뉴 굴짬뽕이 그리도 기가 막히다는….

동네 사람들만 찾아가는 제대로 숨은 로컬 맛집
우일식당
| 소고기 |

주소 서울시 동대문구 답십리로63길 15
찾아 가기 장한평역에서 버스 탑승(역에서 많이 멉니다)
운영 시간 월요일-토요일 11:30~22:00
주요 메뉴 및 가격 모듬 1인: 18,000원

살발한 갓성비의 숨은 정육점

서울 여기저기를 탐방하다 보면 특히나 동대문구 장안동에는 훌륭한 소고기집들이 많이 있는 것을 볼 수 있습니다. 그중 이번에 찾아가볼 집은 깊숙한 주택가에 자리 잡은 아는 사람만 아는 집인데요. 역에서 도보로 27분이나 걸리는 집이어서 동네 사람이 아니면 못 찾아가는 집이라고 보시면 됩니다.

여기는 국내산 육우, 그것도 무려 특수 부위를 가성비 좋게 먹을 수 있는 곳인데요. 우선은 인원에 맞게 모듬으로 출발해보겠습니다. 가운데 차돌박이

를 중심으로 안심추리와 육사시미, 제비추리, 안창살, 치맛살까지 옹골차게 내어주십니다. 비록 기름진 투뿔 한우는 아니지만은 육우 특유의 담백함이 너무나도 매력적인 맛입니다.

참고로 이 집은 평일이나 도축한 날에 방문하시면 간과 천엽 그리고 등골까지 서비스로 내어주십니다. 고깃집에서 접할 수 있는 등심이나 갈빗살 같은 부위 말고, 쉽게 접하기 힘든 귀한 특수 부위들을 즐길 수 있는 게 장점입니다.

살발한 업력을 말해주는 멋진 간판, 쩔어버리는 가성비, 옹골찬 밑반찬들과 아주 친절하신 이모님들까지 송대관도 울고 갈 네 박자가 따로 없습니다.

#제비추리맛집 #육우맛집 #장안동맛집

김사원's note

- 가성비뿐만이 아닌, 신선도와 퀄리티가 너무나도 훌륭한 소고기집.
- 자투리 고기가 실하게 들어간 2천 원짜리 우거지 된장찌개는 필수!

가격이 살짝 올랐지만 여전히 저렴한 곳

이문동그집

| 차돌박이, 곱창전골 |

주소 서울시 동대문구 이문로 195
찾아 가기 신이문역 1번 출구에서 도보 8분 거리
운영 시간 화요일-일요일 12:00~22:00
주요 메뉴 및 가격 차돌박이: 15,000원 / 소곱창전골 1인분: 13,000원 / 대패삼겹살: 7,000원

1^+, 1^{++} 한우 차돌박이가 가성비 쩌는 집

지금은 당연히 처음 갔을 때보다는 가격이 올랐지만, 여전히 가성비가 대단히 좋은 집입니다. 간판이랑 상호명부터가 매력적인 이곳은 외대 인근에 위치한 '이문동그집'.

가게 분위기는 거의 찜질방인 줄 알았습니다. 황토방에 들어온 느낌. 그리고 벽면을 자세히 보시면 한우 등급이 적혀져 있는 도축 인증서 같은 게 붙어 있습니다. 품질 좋은 고기를 증명하는 대단한 자신감을 느낄 수 있습니다.

이곳의 대표 메뉴는 단연코 차돌박이입니다. 핑크빛이 감도는 비주얼이 너무나도 영롱합니다. 차돌

핑크빛이 감도는 비주얼이
너무나도 영롱합니다

박이 같은 경우에는 익은 게 맞나, 싶을 때가 다 익은 게 맞습니다. 같이 나온 파무침을 넉넉하게 잡아 함께 넣어 먹으면 고소한 고기 기름의 풍미가 제대로 살아납니다.

그리고 두 번째 대표 메뉴로는 소곱창전골이 있습니다. 추운 겨울날 이 전골이 너무 먹고 싶어 찾아간 적도 있을 정도로 그리운 맛입니다. 소곱창도 가득 깔린 데다 우삼겹까지 듬뿍 올라가 있어 가성비는 말할 것도 없고 칼칼한 국물 맛 또한 훌륭합니다.

이 외에도 정성스러운 밑반찬들, 대패삼겹살의 믿을 수 없는 가격과 퀄리티, 볶음밥과 전문점 못지않은 냉면까지 너무나도 근본 넘치는 매력적인 고깃집. 여기는 '이문동그집'입니다.

#가성비좋은집 #차돌박이맛집 #외대맛집

김사원's note

- 가성비 넘치는 차돌박이가 맛있는 근본 넘치는 집.

소박하지만 확실한 행복을 느낄 수 있는 집
만물슈퍼

| 가맥집 |

주소 서울시 성동구 왕십리로28길 12
찾아 가기 상왕십리역 3번 출구에서 도보로 4분 거리
운영 시간 월요일-토요일 ~23:00(문 여는 시간은 모름)
주요 메뉴 및 가격 두부김치: 8,000원 / 해물부추전: 5,000원 /
계란말이: 6,000원

동네 슈퍼에서 즐기는 한잔의 여유

외관은 무심코 지나칠 법한 동네에서 흔히 볼 수 있는 일반적인 슈퍼입니다. 그러나 슈퍼 안으로 들어가면 테이블이 5개 정도 놓여져 있는데요. 여기는 간단한 안주와 함께 술 한잔을 곁들일 수 있는 흔히 가맥집이라고 불리는 집입니다. 언뜻 드라마 세트장 같기도 하지만 콘셉트가 아닌 찐 가맥집입니다.

더군다나 없는 메뉴가 없을 정도로 다양한 안주들을 저렴하게 판매하고 계십니다. 개인적으로 추천드리고 싶은 메뉴는 두부김치입니다. 두부에 달달하게 볶은 김치를 내어주시는데 김치뿐만 아니라

제육 고기를 함께 볶아 내어주십니다. 이 밖에도 해물부추전, 부대찌개, 계란말이, 스팸구이, 비빔국수 등 상당히 다양한 메뉴를 판매하고 계시니, 간단하게 술 한잔하고 싶을 때 들르기 정말 좋습니다.

#가맥집 #왕십리맛집 #사장님왕친절

김사원's note

- 종로나 문래동에만 있을 줄 알았던 귀한 가맥집이 왕십리에도 있습니다.
- 술도 매우 저렴한 편입니다.

여기에 서비스로 무한 리필 선지해장국까지 나온다고!?

소나무

| 소고기 |

주소 서울시 성동구 행당로17길 20
찾아 가기 왕십리역 10번 출구에서 도보로 8분 거리
운영 시간 매일 15:00~22:30
주요 메뉴 및 가격 한우 소갈빗살 1인분: 19,000원 / 물·비빔 냉면: 6,000원

최상급 한우 1⁺⁺ 살치살, 꽃갈빗살, 진갈빗살을 100g에 만 원대에 파는 집

왕십리 인근 행당 시장에는 맛집이 참 많습니다. 그중 이번에 찾아갈 집은 왕십리에서 한우로 유명한 '소나무'라는 집인데요. 한우와는 아무런 연결고리가 없는 식당명이라고 볼 수 있습니다.

이곳은 한우 1⁺⁺ 최상급 특수 부위를 저렴한 가격에 판매하고 있는데요. 기본으로 선지해장국이 서비스로 나오는데다 무한 리필까지 되니 가성비가 매우 훌륭합니다.

주문과 동시에 식당 가운데에서 펼쳐지는 발골 쇼 퍼포먼스를 관람하실 수 있는데, 이곳만의 묘미라고 할 수 있고요. 고기를 저렴하게 판매할 수 있는 것도 이렇게 직접 고기를 해체해서서 원가

마블링이 어찌나 예술인지
육안으로 보기만 해도
퀄리티가 어마어마하다는 걸
느낄 수 있습니다.

절감이 되기 때문이 아닐까 싶습니다.

드디어 한눈에 보기에도 좋은 숯불과 함께 고기가 나옵니다. 마블링이 어찌나 예술인지 육안으로 보기만 해도 퀄리티가 어마어마하다는 걸 느낄 수 있습니다. 잘 익은 고기를 히말라야 핑크솔트에도 찍어 먹어보고, 상추 겉절이와 함께도 먹어봅니다. 입안에 들어가는 순간 녹는 건 시간 문제입니다. 그치만 투뿔 한우의 유일한 단점은 기름기가 워낙 많아서 자칫 느끼할 수 있다는 점. 그치만 서비스로 나온 얼큰 칼칼한 해장국이 이 단점마저 커버해버릴 수 있다는 점. 먹어보시면 알 수 있고요.

마무리로 냉면까지 주문해봅니다. 고깃집 냉면은 워낙 당연한 루틴이라 기억에 남지 않는 게 일반적이지만 이 집 냉면은 아주 좋은 기억으로 남습니다. 배에 공간이 남는다면 냉면까지 꼭 완주하시기 바랍니다.

여기는 감히 말씀드리지만, 실패 확률 0%, 누구나 만족하고 올 집입니다.

#행당시장맛집 #소고기맛집 #서비스까지완벽

김사원's note

- 행당 시장에서는 맛집 찾는 게 맛없는 집 찾는 것보다 쉽습니다.
- 소금구이를 먼저 드신 후, 양념구이로 이어지는 게 제대로 맛을 느낄 수 있는 방법입니다.

바닷가에서 먹는 기분! 서울 한복판 조개구이 집

조개도

| 조개구이 |

주소 서울시 성동구 성덕정17길 8-1
찾아가기 성수역 3번 출구에서 도보 8분 거리
운영 시간 화요일-일요일 16:00~24:00
주요 메뉴 및 가격 조개구이 2인, 3인: 54,000원, 64,000원 /
키조개탕: 10,000원

여기 서울 맞아!?
서비스 지리는 1티어 조개구이 집

세상 힙한 동네, 바로 성수동에 나왔습니다. 이 동네에 조개구이로는 이미 정평이 난 맛집이 있는데요. 가게 안은 자갈밭이라 마치 바닷가에 놀러 온 듯한 기분이 들게 하지만, 술 먹고 기어 나오기에는 무릎이 온전치 못하는 부분이 있고요.

이 집에서는 합리적인 가격대에 상당히 퀄리티 좋은 조개들을 푸짐하게 먹을 수 있습니다. 싱싱한 전복에다 대왕소라 그리고 살점이 오동통하게 차오른 가리비에 귀한 북방조개까지 아주 알찬 구성입니다.

한참이나 구워 먹고 있다 보면, 서비스로 가리비 회를 내어주십니다. 고소한 참기름 향이 진동을

싱싱한 전복에다 대왕소라,
그리고 살점이 오동통하게 차오른 가리비에
귀한 북방조개까지 아주 알찬 구성입니다.

하는 맛깔난 양념이 올라가 있고요. 서비스이지만 가리비를 회로 내어주신다는 점에서 싱싱함은 보장이 되어 있다고 볼 수 있습니다. 여기에다 메뉴판에 만 원에 판매하고 있는 키조개탕도 그냥 서비스로 내어주십니다. 숟가락을 살포시 밀어 넣어보시면은 키조개가 통째로 들어가 있다는 걸 알 수 있고요. 국물도 아주 칼칼한 게 술안주로 곁들이기에 상당히 훌륭합니다.

인심 좋은 서비스, 조개의 푸짐한 양 등 장점들이 많지만, 무엇보다도 서울에서는 찾아보기 힘든 수준의 훌륭한 조개의 퀄리티가 가장 맘에 드는 집입니다.

#성수동맛집 #조개구이맛집 #가리비회

김사원's note

- 서울 1티어 조개구이 맛집.
- 상당히 친절하신 사장님이 조개마다 굽는 방법과 팁들을 알려주시니, 고대로 따라서 드시면 됩니다.

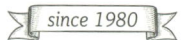

삼겹살집의 근본 그 자체
행복한식당

| 삼겹살 |

주소 서울시 성동구 아차산로9길 30
찾아 가기 성수역 2번 출구에서 도보 9분 거리
운영 시간 월요일-토요일 11:00~21:00
주요 메뉴 및 가격 삼겹살 500g: 35,000원 / 라면: 3,000원

이름대로 앉으면 행복해지는 식당

"삼겹살에 소주나 한잔하자"라는 말과 가장 잘 어울리는 식당. 여기는 성수동에 위치한 '행복한식당'입니다. 성수동 철공소 골목에 위치해 있어 외관만 봐도 정감이 가는 노포입니다.

이곳은 기본 삼겹살 500g부터 주문이 가능하며 반찬으로는 김치, 부추, 마늘, 상추 그리고 쌈장과 기름장이 세팅됩니다. 군더더기 없는 삼겹살 상차림의 정석이라고 볼 수 있습니다. 별다른 기교가 필요 없는 집입니다. 삼겹살은 더 이상 필요한 게 없을 정도로 퀄리티가 미쳤습니다. 때깔부터가 엄

청 신선해 보이면서 두께감도 좋고 잘라진 모양새마저 완벽합니다. 테이블에는 자리마다 비닐이 깔려져 있는 광경. 그리고 시골에 있는 식당에서나 볼 법한 의자와 바닥. 참고로 여기는 서울

최고의 핫플레이스 성수동이 맞고요. 분위기마저 너무 좋아버리니 소주 한 잔 안 할 수가 없습니다. "퇴근하고 삼겹살에 소주나 한잔하자"가 이런 집을 떠올리며 하는 소리가 아닐까 싶습니다.

그리고 라면도 아주 잘하는 집입니다. 계란 푼 분식집 라면 스타일로 진짜 한 입만 뺏어 먹고 싶게 생긴 라면입니다. 술이 제법 들어가셨을 때 주문을 넣으시면 딱 좋습니다. 마지막으로 공깃밥을 주문하면 김이랑 참기름을 갖다 주시는데 셀프로 볶으시면 됩니다. 남은 고기 몇 점과 함께 돼지기름을 잔뜩 머금은 구운 김치도 같이 볶아봅니다. 이것이야말로 최고의 디저트가 따로 없습니다.

맛, 가격, 분위기 모두 만족스러운, 간결해서 오히려 더 좋은 식당. 여기는 성수동 '행복한 식당'입니다.

#성수동맛집 #삼겹살맛집 #행복은거창한게아님

김사원's note

- 삼겹살은 자르지 말고 구워 드시길. 김사원이 제일 좋아하는 딱 맛있는 사이즈입니다.
- 참고로 고기가 워낙 맛있어서 삼겹살 포장도 많이들 하십니다(600g에 29,000원).

역대급 구성 오지는 집
훼미리손칼국수보쌈

| 보쌈 정식 |

주소 서울시 성동구 왕십리로 134
찾아 가기 뚝섬역 1번 출구에서 도보 3분
운영 시간 매일 11:30~22:00
주요 메뉴 및 가격 보쌈 정식 1인: 15,000원 / 손칼국수: 9,000원 / 감자전: 16,000원

두툼한 보쌈에 손칼국수, 김치 3종 구성, 거기에 공깃밥까지 만 5천 원!?

이곳은 2대째 내려오는 40년의 시간에 육박하는 업력. 손칼국수와 보쌈이 유명한 성수동의 '훼미리손칼국수보쌈'. 한적한 시골 분위기의 골목에 위치해 있어 입맛을 절로 돋웁니다.

식당 분위기는 〈TV 쇼 진품명품〉 스타일의 엔틱한 가구로다가 구비되어 있는 인테리어가 상당히 인상 깊고요. 보쌈 정식으로 주문해봅니다. 이 집은 보쌈 정식 1인으로 혼밥을 할 수 있는 아주 감사한 곳입니다.

우선 배추와 마늘, 새우젓, 쌈장 등 기본 찬이 깔립니다. 이어서 야들야들하게 쪄낸 두툼한 보쌈이 나오는데요. 적당한 비계와 살코기의 비율이 너무나도 좋습니다. 알배추 위에 고기 한 점과 보

입안으로 미끄러지듯이
봅슬레이마냥 고대로
밀어 넣으시면 됩니다.

쌈용 배추김치와 무김치를 함께 묵직하게 탑승시켜봤고요. 입안으로 미끄러지듯이 봅슬레이마냥 고대로 밀어 넣으시면 됩니다.

이어서 손칼국수도 나옵니다. 대략 0.7인분 정도의 양이라고 볼 수 있는데, 양념장을 간간하게 잡아넣고 면발을 후루룩 당기시면 됩니다. 이어서 오는 진한 사골의 구수함이 상당히 좋습니다. 그리고 칼국수용 아삭한 김치도 따로 나오니 함께 말아 올리시면 되고요. 마지막으로는 공깃밥 반 공기까지 나오는데, 마무리로 이것까지 사골 육수에 말아 드시면은 어디 가서 밥은 먹고 다니냐는 소리는 안 들으실 겁니다.

주문한 거는 고작 정식 하나인데 이렇게 푸짐할 수 있다니, 인심 넘치는 역대급 미친 구성을 마주할 수 있는 집입니다.

#혜자식당 #성수동맛집 #보쌈정식

김사원's note

- 두둑한 인심과 구성이 너무나도 훌륭한 보쌈 정식 집.
- 참고로 입구가 2개이니, 건물 뒤편에 골목길로 들어가시면 됩니다.

since 1983

진정한 아재라면 반드시 접해보셔야 하는 메뉴

남한강민물매운탕

| 민물매운탕 |

주소 서울시 광진구 동일로 150
찾아 가기 건대입구역 1번 출구에서 도보 12분 거리
운영 시간 매일 11:30~22:30
주요 메뉴 및 가격 메기1 + 참게1: 40,000 / 미꾸라지튀김: 20,000원

백종원 선생님도 16년째 단골이라는 국물 맛집입니다

사장님께서 백 선생님이 자주 오실 때는 거의 매달 왔다고 하는 집. 사실 유명인의 단골집이고 아니고를 떠나서 그냥 엄청난 맛집이라고 볼 수 있는 집입니다. 여기는 건대입구역과 성수역 사이에 위치한 '남한강민물매운탕'이라는 집인데요. 어지간한 내공이 아니고서는 감히 접근하기 어려운 메뉴가 담긴 식당 이름입니다.

밑반찬으로는 바삭한 김치전과 연두부 그리고 양배추 쌈이 나옵니다. 이어서 메기와 참게가 들어간 매운탕이 한 솥 나오는데요. 미나리와 수제비가 가득 들어가 푸짐한 자태를 나타냅니다. 수제비는 가게에서 직접 반죽을 만드시고 숙성시킨 반죽이라서 쫀득한 식감이 아주 좋습니다.

국자로 가볍게 저어보면 참게와 메기가 그득하

게 들어가 있는데요. 이제 국물을 한입 떠먹어봅니다. 첫 입은 깔끔하면서 개운한 느낌이지만 끓이면 끓일수록 이 집의 국물은 진가를 발휘합니다. 묵직한 질감에서 느껴지는 국물의 깊이가 상당합니다. 정말 맛있다는 말밖에는 달리 표현할 방법이 없습니다. 흔히 횟집에서 마무리로 먹는 매운탕과는 레벨이 다릅니다. 메기의 육질 또한 시원한 국물과 잘 어우러져 고소합니다.

그리고 양이 되시는 분들은 미꾸라지튀김도 추천드립니다. 식당 앞에 놓여 있는 다라이에 살아 있는 미꾸라지들이 들어 있는데, 바로 잡아다가 튀긴다고 보면 됩니다. 바삭하면서 경쾌한 미꾸라지튀김을 진한 간장 소스에 찍어 먹어보면 훌륭한 술안주란 이런 것이구나를 알게 됩니다.

술안주로도 좋고 몸보신으로도 좋은 국물 맛집. 여기는 '남한강민물매운탕'입니다.

#국물맛집 #건대맛집 #백종원맛집

김사원's note

- 서울에서 몇 개 없는 민물매운탕을 전문으로 하는 집.
- 공깃밥을 시켜 미꾸라지 튀김과 함께 먹으면 그게 바로 코리안 텐동!

역대급 가성비의 근본 제대로인 백반집
새맛식당
| 백반 |

주소 서울시 광진구 자양로18길 12-3
찾아 가기 구의역 1번 출구에서 도보 3분 거리
운영 시간 매일 11:30~23:30, 둘째 주 넷째 주 일요일 휴무
주요 메뉴 및 가격 국내산 생삼겹살 200g: 10,000원 / 오징어볶음: 9,000원 / 김치찌개, 순두부찌개, 청국장: 7,000원

들숨에 한 쌈, 날숨에 한 잔을 이어가기 좋은 곳

구의역 인근에 위치한 밑반찬과 백반 메뉴들이 맛있는 이곳은 '새맛식당'이라는 집입니다. 완전히 새로운 맛은 아니고요. 이곳에는 다양한 백반 메뉴가 있지만, 1인분에 무려 만 원 하는 국내산 생삼겹살 메뉴가 있습니다. 심지어 양도 1인분에 200g입니다.

고민하지 않고 삼겹살을 주문해봅니다. 삼겹살은 예스러운 스타일의 한입 크기로 토막 난 모양으로 나옵니다. 그리고 이 집의 근본이 백반집이다 보니, 기본 찬 구성도 아주 훌륭합니다. 정말 들숨에 한 쌈, 날숨에 한 잔 이어가기가 너무 좋습니다.

이어서 오징어볶음도 안주 삼아 주문해봅니다. 노릇노릇하게 구워진 삼겹살과 함께 쌈에 올려 주면은 입안에서는 오삼불고기나 다름없다고 볼

오징어볶음은
노릇노릇하게 구워진
삼겹살과 함께 쌈에 올려주면은
입안에서는 오삼불고기나
다름없다고 볼 수 있습니다.

수 있습니다. 양념도 매콤하니 그야말로 술 당기는 맛이고요. 아직도 이 가격에 거하게 먹을 수 있다니, 부디 오래오래 잘되었으면 하는 감사한 식당입니다.

#구의동맛집 #백반맛집 #착한식당

김사원's note

- 가성비 최강 착한 식당! 아직도 서울 한복판에 이런 집이 있다니….
- 이전에는 야장도 즐길 수 있는 별장 같은 느낌의 집이었다면, 최근에는 이전을 하여 조금 더 쾌적한 분위기입니다.

※ 사진은 노포를 추억하기 위해 과거를 담았습니다.

테이블 5개로 시작해서 4층 빌딩에 주차 타워까지 세워버린 집
송림식당

| 돼지불고기 백반 |

주소 서울시 광진구 자양번영로 79
찾아 가기 건대입구역 5번 출구에서 도보 10분 거리
운영 시간 월요일-금요일 10:00~22:00, 토요일-일요일 09:00~22:00
주요 메뉴 및 가격 돼지불고기 백반: 11,000원

뭘 먹어야 할지 모르겠으면
택시 기사님들 많은 곳으로 가라는 말이 있습니다

식당 건물이 리조트를 방불케 하는 빌딩에다, 식당 앞에 펼쳐진 넓은 주차장도 모자라서 식당 옆에 주차 타워까지 세워버린 집이 있습니다. 놀랍게도 이곳은 기사 식당입니다. 예로부터 입맛이 없거나 뭘 먹어야 할지 모르겠으면 택시 기사님들이 많은 기사 식당으로 가라는 말이 있습니다. 사실 예전부터 제가 한 말입니다.

식당 안으로 입장하시면서 투수가 포수에게 사인을 보내듯 손가락으로 인원수만큼만 들어주시면 소통은 끝나고요. 곧이어 묻지도 따지지도 않고 돼지불백이 나옵니다. 기사 식당이야말로 맥도날드도 한 수 접고 가는 코리안 패스트푸드라고 할 수 있고요.

커다란 불판 위에 불백이 나오는데 사람마다 먹는 방식이 다르겠지만, 이 집에서만큼은 권해드리고 싶은 방식이 있습니다. 밥그릇을 불판 위로 바로 투하하시고 김치와 고추장 두 스푼을 듬뿍 넣어 불백과 함께 볶아 먹는 방식입니다. 상추도 가위로 잘라 함께 볶아주면 기가 막힌 철판 불백 볶음밥 완성입니다. 불백의 달달한 양념과 함께 돼지기름이 밥과 어우러져 정말 맛깔납니다.

서비스로 해장국이 제공되는데 놀라지 않을 수 없고요. 전문점 못지않은 구수한 선짓국을 푸짐하게 마음껏 퍼 담아 먹을 수 있습니다. 철판 불백에다 해장국까지, 식사뿐만 아니라 술안주로도 완벽합니다.

저렴한 가격, 빨리 나오는 신속함, 선지해장국 무한리필, 마지막에 요구르트 서비스까지 저 같은 아재들이 좋아할 만한 요소는 모조리 다 갖춘 집입니다.

#건대맛집 #자양동맛집 #기사식당맛집

김사원's note

- 서울에서 여길 안 가본 택시 기사님은 아마도 없을 겁니다.
- 술에 취해도 택시를 별도로 부를 필요가 없습니다. 그냥 옆에 앉아 계신 기사님이랑 같이 일어나시면 됩니다.

연예인들의 사인이 이렇게 많은 집은 처음 봤습니다

안주나라

| 홍어삼합 |

주소 서울시 광진구 동일로18길 23
찾아 가기 건대입구역 6번 출구에서 도보 6분 거리
운영 시간 매일 15:00~04:30
주요 메뉴 및 가격 홍어삼합: 70,000원 / 백합탕: 30,000원

홍어 초보자 분들을 위한 집

간판의 한 글자가 어디로 날아갔는지 모르겠습니다. 식당 이름이 '안주나라'면은 안주의 종류가 최소한 여러 개 있을 것 같지만 놀랍게도 안주의 선택권은 없습니다.

나는 정말 모르겠는데 남들은 맛있다고 환장하는 그런 음식들이 있습니다. 그중 대표 주자 홍어. 삭힌 홍어의 찌릿한 향은 누구나 처음엔 거부감이 들게 하기 마련인데 그렇다고 남은 평생 이 맛을 모르고 살아가자니, 그것도 억울합니다. 홍어 초보자들에게 광진구 자양동에 위치한 '안주나라'를 강력히 소개합니다.

입장을 하게 되면 벽에 무수히 많은 연예인들의 사인을 볼 수 있습니다. 영화배우들부터 유명 아이돌의 사인까지. 특히 사장님의 말씀으로는 장

입에 넣는 순간
향긋한 미나리와 함께
듬뿍 찍어주시는
고소한 참기름 향이
강하게 들어오는 덕에,
이어서 들어오는 홍어의 삭힌 향을
중화시켜주면서
풍미는 한층 깊어집니다.

동건, 고소영이 자주 방문한다고 합니다. 음식을 주문해봅니다. 아마 이 책에 수록된 식당들 중 단일 메뉴로는 가장 비싼 메뉴가 아닐까 싶은데요. 홍어라는 음식이 저렴한 음식은 아닌데다, 삼합으로 나오는 점을 감안해 높은 가격대로 형성이 된 것 같습니다.

특이하게도 음식이 나오면 사장님께서 음식과 함께 테이블에 같이 앉으십니다. 곧이어 삼합을 손수 돌돌 말아주시는데요. 처음에는 '먹는 방법을 알려주시려나 보다' 하고 한 점만 싸주시는 줄 알았는데, 한 점도 빠짐 없이 전부 다 말아주십니다. 사장님이 삼합 재료들을 황금 비율로 싸주시기 때문에 확실히 맛있습니다(물론 이 부분에서 거부감이 있으신 분들은 사장님께 말씀하시면 됩니다).

입에 넣는 순간 향긋한 미나리와 함께 듬뿍 찍어주시는 고소한 참기름 향이 강하게 들어오는 덕에, 이어서 들어오는 홍어의 삭힌 향을 중화시켜주면서 풍미는 한층 더 깊어집니다. 그리고 막걸리 한 모금을 묵직하게 식도에 넣어주면 이토록 환상적일 수가 없습니다. 가격이 조금 비싼가 싶었지만 맛을 보게 되면 바로 수긍이 됩니다. 거기에 접객 서비스를 생각하면 충분히 그 값어치를 하는 집입니다.

그동안 홍어의 높은 악명과 두려움에 한 번도 시도해보지 못하셨던 분들. 평생 홍어 맛을 모르고 살아가시는 게 아무리 생각해도 억울하다면, 이곳에서 도전해봐도 좋겠습니다.

#홍어삼합 #연예인맛집 #건대맛집

김사원's note

- 과장님 입냄새에 단련되어온 김사원. 홍어쯤은 아무것도 아니었습니다.
- 밤늦게 새벽까지 영업하시는 귀한 집입니다.

김사원의
촬영 방법

거창한 카메라나 짐벌, 조명, 마이크 등 별도의 장비는 일절 없습니다. 핸드폰 하나로 촬영합니다. 요즘은 스마트폰도 성능이 좋아서 카메라 화질이 매우 좋습니다. 찍다가 전화가 오면 물론 받아야죠. 전문성이라곤 찾아볼 수 없는 촬영 현장입니다.

간혹 이런 댓글들을 보곤 하는데요.

'식당에 유튜버가 오니까 음식이 푸짐하게 나오는 거 아닐까요?', '유튜브 촬영 중이니까 음식이 잘 나오지, 내가 가면 절대 이렇게 안 나와요.'

오해를 풀어드리겠습니다. 우선 식당에 가면 제가 유튜버인지, 맛집 블로거인지, 아니면 친구들한테 먹는 거 찍어서 자랑하는 일반인인지 사장님 입장에서는 알 수가 없습니다. 더군다나 애초에 저에게는 관심도 없으십니다. 요즘 같은 SNS 시대에는 식당에서 음식을 찍는 상황이 더 이상 놀라운 일이 아닙니다.

제가 유튜브를 하는 사람이라는 걸 공개하는 시점은 음식이 나오기 전이 아니라, 음식을 다 먹고 난 후입니다. 채널의 영향력이 커지고 난 후로는 계산을 다 하고 마지막에 꼭 여쭤봅니다.

"제가 너무 맛있게 먹었는데, 여기를 유튜브에서 맛집으로 소개해도 될까요?"

100명 중에 98명은 너무 고맙다고 마음대로 하라고 하십니다(간혹 거절을 하는 식당도 있습니다). 김사원이 가서 푸짐하게 나온다는 오해, 푸시기 바랍니다.

단골 손님만 수백 명 있는 진정한 동네 맛집

울돌목주먹고기

| 주먹고기 |

주소 서울시 광진구 아차산로51길 28-5 1층
찾아 가기 구의역 1번 출구에서 도보 3분 거리
운영 시간 월요일-토요일 13:00~22:30
주요 메뉴 및 가격 주먹고기: 17,000원

돼지고기계의 명량해전

현재는 이전을 해서 노포의 느낌은 사라지고 깔끔해진 집. 그래도 음식의 클라스는 변함없는 여기는 구의역 인근에 위치한 '울돌목주먹고기'입니다. 우선 이 집은 밑반찬들이 예술입니다. 완전히 묵힌 묵은지와 깻잎장아찌 그리고 유자소스에 무친 연근을 비롯해 각종 양념장들, 싱싱하고 푸짐한 쌈 채소까지 그야말로 옹골차게 깔립니다.

메뉴는 고민하지 마시고 무조건 주먹고기 2인분을 주문하시면 됩니다. 사실상 목살 부위라고 보시면 되고요. 목살이지만 지빙과 살코기 부분을 비율 좋게 내어주셔서 퍽퍽함 없이 씹을 수 있습니다. 아주 두툼하게 썰어내 주셔서 입안에서 육즙이 팡팡 터지는 폭죽 파티를 경험할 수 있습니다. 저, 김사원은 여의도 불꽃 축제는 여기서 대체한다고 보시면 되고요.

그리고 기본으로 된장찌개가 나옵니다. 건새우가 잔뜩 들어가 있어 국물이

아주 진하고 맛있습니다. 서비스로 내어주실 만한 된장찌개의 수준을 넘어섰습니다.

여기에 하나 더 남았습니다. 주류를 주문하면 돼지 껍데기도 서비스로 내어주십니다. 사실상 돼지 껍데기 서비스 조건의 난이도가 상당히 낮다고 볼 수 있습니다. 이제 잘 구워진 쫀득한 돼지 껍데기를 콩가루에 살짝 찍어 먹으면 아주 고소하고 맛이 좋습니다. 참고로 콩가루는 많이 찍으시면 기침 환자로 오해받기 딱 좋으니 적당히 찍으시기 바랍니다.

좋은 고기, 맛있는 찬 구성, 훌륭한 가성비, 여기에 감동적인 서비스까지 동네 주민들에게 사랑받을 수밖에 없는 조건을 모조리 갖춘 집. 보라색 간판이 매력적인 구의동에 위치한 '울돌목주먹고기'입니다.

#가성비최고 #주먹고기는사실목살 #구의동맛집

김사원's note

- 오랜만에 갔더니 가게가 너무 깔끔해져서 놀랐습니다.
- 고기는 생각보다 바짝 익혀 먹는 게 맛있습니다. 그리고 김치는 절대 굽지 말라고 하시니 주의하시길.

※ 현재는 이전을 했지만 사진은 추억 여행을 위해 과거를 담았습니다.

서울에서 찾기 힘든 스타일의 별미 중 별미
이신돈해물삼합 전문점
| 해물삼합 |

주소 서울시 광진구 동일로24길 18-1
찾아 가기 건대입구역 1번 출구에서 도보로 9분 거리
운영 시간 월요일-토요일 17:00~24:00
주요 메뉴 및 가격 해물삼합 소, 중: 45,000원, 65,000원

아니, 이 재료들을 이 가격에!?
밑반찬부터 작살나는 집

여수에서는 해물삼합이 흔한 편이지만, 서울에서는 흔히 볼 수 없는 메뉴입니다. 이번에 찾아갈 곳은 서울에서 만나는 수준급의 해물삼합 집인데요. 식당 이름은 '이신돈해물삼합 전문점'. 사장님 성함을 걸고 지으신 상호명입니다. 참고로 사장님은 북한 출신이신데, 실제로 이북 사투리를 구사하고 계십니다. 처음에 여수에서 정착하셔서 전라남도 스타일의 음식을 잘 하신다고 합니다.

메뉴는 고민하지 않고 해물삼합으로 주문해봅니다. 먼저 김치 3종으로 묵은지, 갓김치, 파김치가 나오는데 때깔부터가 남다른 게 전라도 스타일로 아주 살벌합니다. 곧이어, 제주산 생삼겹살

정말 대단한 가성비입니다.
이런 훌륭한 재료들을
한데 모아놓은 거부러가
레전드라고 볼 수 있습니다.

위로 실한 갑오징어에다 큼지막한 문어 다리와 관자까지 아주 미친 구성을 만날 수 있습니다. 먼저 버터에다 관자를 구워주시는데, 앞으로 술이 들어갈 목구멍을 열어놓기에는 더할 나위 없이 훌륭합니다. 이제 삼겹살이 구워지면서 갑오징어와 묵은지, 문어 위로 향긋한 미나리까지 수북히 올라갑니다.

정말 대단한 가성비입니다. 이런 훌륭한 재료들을 한데 모아놓은 거부터가 레전드라고 볼 수 있습니다. 맛있게 먹고 있으면 파절이도 수북하게 내어주시는데, 여러 해산물들 그리고 삼겹살과 함께 조합해서 먹으면 대단한 맛입니다.

마지막으로 이 집에는 '꽃길'이라는 자그마한 강아지가 살고 있는데, 이 부분이 호불호가 크게 갈릴 수 있습니다. 그치만 저 같은 경우에는 십수 년간 집안에서 한 마리의 개와 별반 다름없는 취급을 받고 살아왔기 때문에, 상당히 반가운 부분이었습니다.

#건대맛집 #해물삼합맛집 #사장님왕친절

김사원's note

- 양과 질을 모두 잡는 맛집! 여수에서 먹은 것보다 훨씬 맛있었습니다.
- 사장님이 굉장히 친절하시고 유쾌하십니다. 그리고 꽃길이는 털이 짧고 얌전한 편이니, 걱정 안 하셔도 됩니다.

강남구 & 서초구 & 송파구 & 강동구

김수사
박서방순대국밥
신동궁감자탕
역삼동북어집
연스시
풍년집
호남식당

서래이모네맛집

가보자식당
벼락가오리

계절식당
세꼬시
오징어참치
인생횟집
태양수산

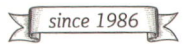

서울에서 현존하는 가장 오래된 오마카세 집

김수사

| 스시 오마카세 |

주소 서울시 강남구 도산대로 132 해정빌딩 1층
찾아 가기 신사역 1번 출구에서 도보 4분 거리
운영 시간 매일 11:30~22:00
주요 메뉴 및 가격 사시미 점심: 50,000원 / 스시 저녁: 80,000원

오마카세계의 단군신화

오마카세가 유행처럼 번져 우후죽순 생겨나고 있는 와중에서도 근본이 제대로 잡힌 일식집을 소개해보겠습니다. 한 끼에 무려 5만 원을 쓰고도 하나도 아깝지가 않은, 아깝기는커녕 이런 퀄리티의 음식들을 5만 원에 먹을 수 있는 게 믿기 힘들 정도로 훌륭한 집입니다.

식당 분위기는 오랜 역사의 고풍이 느껴집니다. 실제로는 강남 한복판이지만 일본 골목길 안에 숨겨진 동네 맛집을 찾아온 기분이 듭니다.

자리에 착석을 해봅니다. 초밥이 나오기 전, 식전 안주로 계란찜부터 문어와 전복, 청어 마끼 등을 내어주십니다. 이어서 10여 가지의 초밥 코스들이 이어지는데요. 대게살초밥을 비롯해 새우튀김을 곁들인 단새우초밥, 연어알초밥 등 다른 집에

물론 그날그날 횟감의 종류는 조금씩 달라지지만,
갈 때마다 이 집의 만족도는 달라지지 않습니다.

서는 쉽게 보기 힘든 초밥들이 등장합니다. 물론 횟감의 종류는 갈 때마다 그날그날 조금씩 달라지지만, 이 집의 만족도는 달라지지 않습니다.

화려하면서도 강렬한 초밥 코스 이후로도 튀김과 전복죽이 이어집니다. 여기에 마무리 디저트 코스도 어마어마합니다. 카스테라, 양갱 그리고 아이스크림까지 아주 옹골차게 마무리됩니다.

가격 대비로는 이보다 더한 만족감을 주는 오마카세는 없을 겁니다. 강남 한복판에 이런 집이 있다는 것이 놀라울 따름입니다.

#반찬맛집 #갓성비스시오마카세 #콜키지도저렴

김사원's note

- 대한민국 1세대 오마카세 집, 근본 그 자체입니다.
- 카운터 석에 앉는 걸 추천! 맛있게 잘 먹으면 앵콜 스시도 주십니다.

13년 연속의 블루리본 클라스

박서방순대국밥

| 머리고기, 순댓국 |

주소 서울시 강남구 삼성로 520
찾아 가기 삼성역 5번 출구에서 도보 7분 거리
운영 시간 월요일-토요일 10:00~22:00
주요 메뉴 및 가격 순대국밥 11,000원 / 순대 정식: 14,000원 /
모둠순대 소: 27,000원 / 술국: 13,000원

35년도 넘은 동네 국밥집 수준

무려 13년 연속 블루리본 서베이 맛집 인증을 받은 집인데요. 외관을 보면, 간판도 새것에다 최근에 생긴 듯 세련된 느낌을 풍기고 있지만 알고 보면 35년도 넘은 간판 세탁 제대로 한 전통 있는 집이라고 보시면 됩니다.

내부는 다행히도 예스러운 정취를 고스란히 간직하고 있는데요. 마치 기원에 찾아온 듯한 원목 테이블에서부터 벌써 술맛이 올라오는 게 정감이 확 느껴집니다.

많이들 주문하시는 메뉴로는 순대 정식이 있지만, 개인적으로는 머리고기와 순대 그리고 오소리감투, 돈설 등 다양하게 먹을 수 있는 모둠순대를 강력히 추천합니다. 여기에다 술국 추가 정도가 딱 좋습니다.

머리고기와 순대 그리고 오소리감투, 돈설 등
다양하게 먹을 수 있는 모둠순대를 강력히 추천합니다.

이곳은 머리고기가 상당히 유명합니다. 국밥보다도 이 머리고기의 퀄리티 덕분에 블루리본을 받은 게 아닐까 싶고요. 육즙이 촉촉하게 올라온 머리고기 수육의 때깔이 너무나도 좋습니다. 부추와 양파를 함께 쌈 싸 먹는 것도 이 집만의 매력입니다. 순대 또한 입안에서 녹진하게 녹아내리는 게 고소한 맛이 일품입니다. 여기에 쫄깃한 오소리감투까지, 이만하면 완벽한 술안주입니다. 또 하나의 킥은 바나나킥 아니고, 바로 오징어젓갈 킥입니다. 오징어젓갈을 함께 얹어 먹으면은 머리고기의 부드러운 살점에 쫀득함을 더하는 미쳐버린 조합으로 혀를 킥당하는 느낌을 받을 수 있습니다.

블루리본에서 맛집을 심사하시는 양반이 누구인지는 모르겠지만, 13년째 다녀가신 걸로 보아 이 집에서 나가실 때 13년째 제정신 못 차린 채로 나가신 건 확실합니다.

#머리고기맛집 #삼성동맛집 #국밥보단머리고기

김사원's note

- 예술의 경지가 따로 없는 엄청난 퀄리티의 머리고기 맛집!
- 기본 상차림이 좋은 데다가 섞박지가 또 예술이기에, 국밥 먹을 때는 섞박지를 올려서 크게 한입 같이 드시기 바랍니다.

since 1994

아재들 스트레스 푸는 데에는 이만한 데가 없음!
신동궁감자탕

| 뼈숯불구이 |

주소 서울시 강남구 테헤란로10길 21 1층
찾아 가기 역삼역 3번 출구에서 도보 6분 거리
운영 시간 매일 24시간
주요 메뉴 및 가격 뼈숯불구이 소, 중, 대: 38,000원, 45,000원, 52,000원

감자탕집인데도 아무도 감자탕을 안 먹는 집

강남권에서 오래된 식당을 찾는 건 쉽지 않은데요. 지금은 이전을 하여 쾌적한 공간이 되었지만, 아재들의 소굴과도 같은 집이었던 이곳은 강남의 노포 중 한 곳인 '신동궁감자탕'. 참고로 감자탕 먹으러 온 건 아니고요. 이 집은 강력한 중독성을 자랑하는 '뼈숯불구이'라는 메뉴가 유명합니다. 감자탕에서 나오는 뼈에 양념치킨 소스를 바른 맛입니다. 양념은 상당히 매콤하면서 중독성 있는 마성의 소스라고 보시면 되고요. 여기에 숯불을 그을려서 불 맛이 가득 들어가 구미가 오지게 당기게 만듭니다. 특히 밑반찬 중에서 백김치가 나오는데 119 구조대라고 할 수 있습니다. 매운 와중에 시원한 백김치 위로 뼈구이 살점을 함께 먹으면 그 순간 화재 진압입니다.

숯불을 그을려서
불 맛이 가득 들어가
구미가 오지게 당기게
만듭니다.

서비스로 나오는 우거짓국도 술 한잔 곁들일 때 너무나도 좋습니다. 마무리로 볶음밥은 무조건 주문하셔서 매콤한 양념 소스에 비벼서 함께 드시기 바랍니다.

땅값 비싼 강남 바닥에서 오랫동안 장사하는 데에는 그만한 이유가 있었던 겁니다.

#뼈구이 #역삼맛집 #지점도많음

김사원's note

- 중독성 오지는 강렬한 마성의 소스! 혀가 아픈데도 또 생각나는 집.
- 24시간 영업하는 집! 많이 맵습니다. 매운 걸 잘 못 드시는 분들께는 권하기 힘든 곳입니다.

택시 기사님들이 수시로 들락거리는
역삼동북어집

| 북어찜 백반 |

주소 서울시 강남구 논현로85길 5-14
찾아 가기 역삼역 2번 출구에서 도보 5분 거리
운영 시간 화요일-일요일 09:00~20:30
주요 메뉴 및 가격 북어찜 백반 1인: 10,000원

기사 식당계의 여명 808, 주당들의 세브란스

이곳은 숙취가 제대로 올라왔을 때, 그 맛과 효능을 잊지 못해 찾아가는 술병 전문 병원이라고 볼 수 있습니다. 그리고 식당 입구에는 갈 때마다 택시가 무조건 주차되어 있는, 기사님들의 성지라고 볼 수 있는데요.

주문하면 컵에 물을 따르기도 전에 순식간에 내 앞에 있는 북어찜 백반을 볼 수 있습니다. 패스트푸드 중에 패스트 수준입니다. 반찬과 국물은 2~3가지 정도로 단출합니다. 하지만 북어찜의 비주얼은 아주 화끈한 게 장난 아닙니다. 국물 한입을 떠먹어보면 칼칼함을 넘어서 얼얼함이 옵니다. 거기에 가득 들어간 양파와 양배추의 달달함이 더해져 달달 칼칼한 맛으로 중독성이 오집니다. 게다가 북어 살점도 촉촉하고 부드러워 호로록 넘기기 좋습니다.

입장 전에는 분명 거의 환자나 다름없었는데 이 한 그릇에 숙취 치료 제대

로 받고 나갑니다. 이 정도 수준이면은 의료보험 처리가 돼야 한다고 보고요.

하지만 이 집에서도 소주를 팔기 때문에 술을 더 먹고 나가는 부작용도 있습니다. 그야말로 의료 사고도 일어날 수 있는 점, 조심하시기 바랍니다.

#역삼동맛집 #기사식당맛집 #해장맛집

김사원's note

- 기사 식당계의 모범 택시 같은 집입니다.
- 국물 리필도 요청하면 푸짐하게 나옵니다.

무려 리필이 되는 숙성회 집이 있다고!?

연스시

| 숙성회 |

주소 서울시 강남구 개포로 512
찾아 가기 개포동역 5번 출구에서 도보 6분 거리
운영 시간 월요일-토요일 12:00~22:00
주요 메뉴 및 가격 숙성모둠회 코스 1인: 40,000원

두툼한 숙성회만큼이나 사장님의 내공 또한 깊숙이 숙성된 집입니다

생선을 잡자마자 바로 썰어서 나가는 활어회는 쫄깃한 식감을 자랑합니다. 그에 반해 생선의 살을 포 뜬 후 일정 기간 숙성시켜 먹는 숙성회는 특유의 부드러움과 찰진 감칠맛이 있습니다. 무엇이 더 맛이 좋은지는 개인의 기호와 성향에 따라 다르겠지만, 둘 다 접해보실 필요가 있습니다.

이번에 소개해드릴 집은 두툼한 숙성회가 무려 리필이 되는 아주 기가 막힌 횟집인데요. 여기는 강남구 개포동역 인근에 위치해 있는 '연스시'입니다.

메뉴는 고민할 것도 없이 숙성모둠회 코스로 주문해봅니다. 전복죽부터 홍합탕과 회무침 등 애피타이저 해산물 술안주들이 빠르게 깔리기 시

커다란 접시에 쑹덩쑹덩 투박하면서도 두툼한 사시미를 내어주십니다. 어찌나 두툼한지 이 정도면 베개급 숙성회입니다.

작합니다. 코스라는 메뉴 이름에 걸맞게 끊임없는 술안주들의 향연이 펼쳐지는데요.

곧이어 나오는 메인 메뉴. 커다란 접시에 쑹덩쑹덩 투박하면서도 두툼한 사시미를 내어주십니다. 어찌나 두툼한지 이 정도면 베개급 숙성회입니다. 두께감 덕분에 씹는 맛이 아주 일품입니다.

이어서 생선 내장조림이 나오는데 참 별미입니다. 생선에서 곱창을 먹는 느낌이 들 정도로 녹진하면서 진득한 식감이 술을 술술 부르는 맛입니다. 다른 데에서는 절대 보지 못하는 이 집만의 특별한 코스 요리로 아주 인상 깊습니다.

아직 끝나지 않았습니다. 이어서 생선 머리조림 또는 구이가 나옵니다. 어두육미라는 말이 있을 만큼 물고기는 머리가 맛있습니다. 생선 머리에 붙은 살점을 야금야금 뜯어 먹고 있으면 어느새 매운탕이 나옵니다.

매운탕은 생선 뼈를 으스러질 정도로 푹 고아낸 느낌입니다. 거의 사골 국물 같은 느낌의 상당한 깊이감이 기가 막힙니다. 여기에 수제비가 들어 있는데 이 수제비 반죽 또한 숙성을 하셨다고 합니다. 어쩐지 쫀득함이 남달랐습니다.

이걸로 끝나는 코스일까요? 처음 내어준 메인 회 한 판을 거의 동일한 퀄리티(어쩌면 양이 더 많을지도)로 한 접시 더 리필해주십니다(단, 리필은 1회입니다). 횟집에서 회로 배를 채우고 나오는 건 쉽지 않은 일이지만 여기에서는 충분히 가능합니다.

제 채널에서는 아주 초창기에 소개했던 집이지만 아직까지도 많은 이들에게 사랑받고 있는 훌륭한 집입니다.

#숙성회리필 #베개급두툼함 #예약필수

김사원's note

- 가능하다면 카운터 석으로 예약해서 드시는 걸 추천! 사장님의 진수를 제대로 느끼실 수 있습니다.
- 소주를 시키면 살얼음으로 나옵니다(무조건 시키라는 말씀).

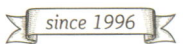

확실히 서비스로 나올 수준은 아닌 된장찌개

풍년집

| 소갈빗살, 된장찌개 |

주소 서울시 강남구 역삼로14길 13
찾아 가기 역삼역 3번 출구에서 도보 9분 거리
운영 시간 매일 11:00~24:00
주요 메뉴 및 가격 참숯불 소갈빗살 200g: 19,000원

대체 갈비가 어떻길래!?
메뉴 하나로 강남에서 건물 통으로 장사하는 집

누가 뽑았는지는 모르겠지만 '서울 3대 된장찌개'라는 게 있습니다. 이곳은 그 타이틀에 항상 꼽히는 집인데, 사실 된장찌개 전문점도 아닌데다 된장찌개는 서비스로 나오는 집입니다. 여기는 서울 강남구 역삼동에 위치한, 오래된 갈빗살 전문점 '풍년집'입니다.

원래는 작은 가게로 시작했다가 장사가 워낙 잘돼서 양옆으로 모두 확장을 해버렸는데, 어느 순간 건물을 통으로 운영 중입니다.

메뉴는 단 하나, 소갈빗살밖에 없습니다. 단일 메뉴로 장사하는 집은 어지간해서 맛있다고 볼 수 있는데, 이 집은 어지간한 수준이 아니라 정말 맛있습니다. 밑반찬으로 상추절임과 알타리무가

강력한 화력의 참숯불이 들어오는데,
그 위로 갈빗살을 빗자루로 쓸듯이 굴려가며
쉬지 않고 구워야 맛나게 구우실 수 있습니다.

나오는데 가짓수는 단출해 보이지만, 고기와 곁들여 먹기엔 이만하면 충분하다 싶을 정도로 상당히 맛깔납니다.

이어서 강력한 화력의 참숯불이 들어오는데, 그 위로 갈빗살을 빗자루로 쓸듯이 굴려가며 쉬지 않고 구워야 맛나게 구우실 수 있습니다. 소갈비는 마늘 양념이 되어 달짝지근하면서 참으로 고소합니다. 좋은 불 위로 구워내니 맛이 없을 수가 없습니다.

여기에 화룡점정으로 된장찌개가 서비스로 뚝배기 채 나오는데요. 흔한 맑은 국물의 서비스 된장찌개를 생각하시면 절대 안 됩니다. 두부가 듬뿍 푸짐하게 들어 있는데다 큰 멸치가 통으로 들어가 국물의 진한 맛을 느낄 수 있습니다. 청양고추가 적당히 들어가서 칼칼함도 느낄 수 있습니다. 이 집 된장찌개 정말 맛있습니다.

된장찌개를 한 국자씩 퍼 먹고 국물이 자박하게 남았을 때, 뚝배기를 숯불 위로 올려 밥 한 공기를 거하게 말아 술밥을 해 드시면 기가 막히는 술안주를 맞이하실 수 있을 겁니다.

강남 바닥에서 오랫동안 사랑받은 데에는 그만한 이유가 있습니다.

#역삼동맛집 #된장찌개맛집 #멸치오지게큼

김사원's note

- 요즘에 유행마냥 우후죽순 생겨나는 소갈빗살 집들에도 전혀 아랑곳하지 않는 오리지날 클라스.
- 선릉역 인근에 사장님의 막내아들이 운영하는 집도 있습니다(그곳은 메뉴가 조금 더 다양함).

밥 먹으러 백반집 와서 테이블에 소주가 올라오는 집

호남식당

| 삼겹살 |

주소 서울시 강남구 논현로164길 30
찾아 가기 압구정역 3번 출구에서 도보 8분 거리
운영 시간 매일 06:30~22:00
주요 메뉴 및 가격 묵은지돼지찜: 10,000원 / 생삼겹살: 15,000원

압구정에 이런 곳이!? 아는 사람만 가는 동네 찐 맛집

수많은 핫플들과 신상 집들이 넘쳐나는 압구정에서 오랜 시간 우직하게 자리해온 집이 있습니다. 여기는 투박하면서 순박한 느낌의 식당이지만 상당히 강력한 백반집 '호남식당'입니다.

백반집답게 다양한 메뉴들이 즐비해 있지만, 이 집의 근본은 삼겹살입니다. 우선 주문을 하시면 기본적으로 전라도식 상차림이 푸짐하게 깔리는데요. 김치 종류만 무려 4가지인데 언제부터 익어갔을지 모를 정도로 때깔이 굉장합니다. 삼겹살의 자태 또한 너무나도 훌륭합니다. 비계와 살코기의 배합이 상당히 적절해서 시골 삼겹살 그 자체입니다. 삼겹살 맛집이 되려면 고기가 맛있거나 김치가 맛있거나, 사실은 둘 중 하나 하기도 쉽지가 않습니다만 이곳은 둘 다 만족시킨다고 볼 수

있습니다. 여기에다가 두부가 한 움큼 실하게 들어간 구수한 된장찌개까지 서비스로 나옵니다.

그리고 매주 화요일과 금요일에만 먹을 수 있는 묵은지돼지찜도 강력하게 추천드립니다. 김치의 감칠맛과 야들야들한 돼지고기가 듬뿍 들어가 환상적인 조합을 이룹니다. 밥그릇을 뚝딱 비우는 건 물론이고 백반 상에 술까지 곁들일 수 있습니다.

이곳은 사실 동네에서 아는 사람만 아는 집이지만, 그 아는 사람들이 넥타이 아재 형님들 혹은 중절모 쓴 영감님들이면!? 이거는 말 다 했다고 보시면 됩니다.

#압구정맛집 #생삼겹살맛집 #묵은지돼지찜

김사원's note

- 압구정에서 만나는 시골 할머니의 손맛.
- 묵은지돼지찜 주문 시 계란후라이(1,000원)도 추가 주문해서 드시길.

무한도전 레전드 편에 나온 그 이모네!
서래이모네맛집
| 이모카세 |

주소 서울시 서초구 사평대로28길 31 서래한신상가 2층
찾아 가기 고속터미널역 5번 출구에서 도보 9분
운영 시간 월요일-토요일 17:30~22:00
주요 메뉴 및 가격 이모카세 1인: 50,000원

이 집이 여기서 왜 나와?

어느새 추억이 되어버린 〈무한도전〉. 〈무한도전〉을 좋아하시는 분들이라면 상당히 흥미로울 만한 집입니다. 무한도전 희대의 명짤을 탄생시킨 '유혹의 거인' 편. 숨 막히는 술의 유혹을 견뎌내야 하는 바로 그 식당 이모네라고 보시면 됩니다.

이곳의 메뉴판에는 다양한 메뉴들이 있지만, 이모님의 컨디션에 따라 그날그날 다른 메뉴들을 내어주시는 일명 '이모카세' 메뉴가 상당히 인기가 있습니다. 주문을 하시면 새콤한 굴무침에 끈적한 코다리찜 등 기본 밑반찬들이 깔리는데요. 푸짐한 상차림에 벌써부터 숨이 가쁘게 조여오는 듯한 느낌입니다. 이어서 모둠회를 내어주시는데, 회는 이모님께서 미리 수산시장에서 사 오십니다. 이어서 굴전과 과메기

굴전과 과메기가 정말 훌륭한 퀄리티로 깔리는데,
아직도 전반전이 안 끝났다고 보시면 되고요.

가 정말 훌륭한 퀄리티로 깔리는데, 아직도 전반전이 안 끝났다고 보시면 되고요. 아마도 보쌈이 나올 때쯤이면 이제서야 전반전이 끝나고 쉬는 시간 정도라고 생각하시면 됩니다. 곧이어 전복찜, 낙지볶음 그리고 매운탕까지 나오면 술잔을 들어 올리는 동작을 드디어 멈출 수 있습니다.

정말 음식 하나하나에 정성이 배어 있습니다. 물론 지금 나열한 메뉴들은 그때그때 다른 구성으로 나올 수 있으니, 이 정도 내어주시는 집이구나, 하고 참고만 해주시기 바랍니다.

#무한도전레전드 #유혹의거인 #서래마을맛집

김사원's note

- 상다리 부러지는 술안주 코스! 〈무한도전〉 팬이시라면 상당히 흥미로울 만한 식당입니다.
- 수많은 유명 연예인들이 다녀간 사인을 구경할 수 있습니다(〈무한도전〉 정준하, 하하, 김태호 PD의 단골집이라고 합니다).

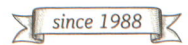
since 1988

갓김치+파김치+김장김치를 삼겹살로 말아 먹는 집
가보자식당

| 대패삼겹살 |

주소 서울시 송파구 올림픽로35길 124 장미A상가 지하
찾아 가기 잠실역 7번 출구에서 도보 7분 거리
운영 시간 월요일-금요일 11:00-21:30, 토요일 11:00-20:00
주요 메뉴 및 가격 대패삼겹살 200g: 13,000원 / 5mm 오겹살: 15,000원 / 원조 김치찜 중: 30,000d원 / 도시락: 3,000원

김사원에게 잠실은 장미상가

잠실에는 랜드마크인 롯데타워 말고도 장미상가가 있습니다. 외관은 많이 대비되는 느낌이지만 제가 보기엔 장미종합상가가 더 견고한 느낌입니다. 이곳 지하에는 많은 맛집들이 숨어 있는데요. 제 유튜브 채널에서도 소개했던 놀라운 가성비의 고퀄리티 참치 집 '양군스시'도 바로 이 건물 지하에 있습니다.

이번에 찾아갈 집은 40년에 가까운 업력의 식당으로 대패삼겹살과 김치 3종이 너무나도 기가 막힌 집. 점심에는 백반을 하는 집답게 밑반찬도 실하게 나오는데, 그중에서도 갓김치와 파김치 그리고 깻잎과 배추김치의 때깔은 예술의 경지입니다.

이곳은 길게 늘어선 선홍 빛깔의 대패삼겹살이

유명합니다. 한입 크기로 잘려서 나오는 게 아니라 기다랗게 내어주시는 점이 매력인데, 불판 위에서 돼지기름을 잘 머금은 김치들을 고기 안으로 싸서 돌돌 말아 먹으면 정말 꿀맛입니다. 그 외에도 5mm 오겹살과 차돌박이도 맛이 좋으나, 출발은 반드시 대패삼겹살로 하시기 바랍니다.

마무리는 분홍소시지와 달걀프라이, 김과 멸치볶음이 수북히 들어간 옛날 도시락으로 하시면 됩니다. 양은 도시락에 내어주시는 점이 정감 가고 좋습니다. 여기에 고기 기름을 머금은 잘 구워진 김치와 고기를 잘게 잘라 넣어 흔들어주시면 됩니다. 비록 비주얼은 옆집 누렁이가 탐낼 만한 모양새이지만, 맛은 너무나도 훌륭합니다.

오래된 아파트 상가 지하에서 술맛 하나만큼은 정말 갈 때까지 간 식당, '가보자식당'입니다.

#잠실맛집 #삼겹살맛집 #김치맛집

김사원's note

- 대패삼겹살이 예술인 김장 실력 오지는 식당.
- 사장님이 안 바쁘실 때 소맥 한 잔 말아달라고 해보시기 바랍니다. 기가 막히게 잘 타십니다.

술안주가 끝도 없이 밀려 나오는 미친 술집

벼락가우리

| 숙성회 |

주소 서울시 송파구 석촌호수로12길 29
찾아 가기 잠실새내역 4번 출구에서 도보 8분 거리
운영 시간 월요일-토요일 16:30~01:30
주요 메뉴 및 가격 가우리코스 1인: 40,000원

술안주 쓰나미 집

고요한 골목길에 버젓이 자리한 식당. 이 고요함은 마치 곧이어 펼쳐질 술안주 쓰나미를 앞둔 폭풍전야라고 볼 수 있습니다. 식당 내부는 카운터 석과 테이블 그리고 룸까지 다양한 공간으로 구성되어 있는 일식집인데요. 이런 공간에서는 개인적으로 카운터 석을 선호하는 편입니다.

자리에 안착하면 본격적으로 술안주가 쓰나미처럼 밀려옵니다. 안주 하나 하나를 자세히 보시면 그냥 지나칠 안주가 일절 없습니다. 아무거나 골라 잡아도 한 잔에 한 점 들이킬 수 있는 안주들이라고 보시면 되고요. 더 몰아

치기 전에 술병으로 방파제를 구축해봤습니다만 소용없었습니다.

이어서 사장님께서 그날그날 좋은 횟감을 슬그머니 올려주시는데요. 숙성이 잘된 참돔부터 광

다양한 술안주와 가짓수로
승부 보는 횟집들은 종종 봐왔지만,
이 집은 가짓수만 다양한 게 아니라
술안주 하나하나의 퀄리티가
단품 메뉴 수준으로
봐도 될 정도로 대박입니다.

어 지느러미, 참다랑어까지 맛깔나는 술안주들이 정말 배가 터질듯이 쓰나미처럼 밀려오지만 이어서 초밥에다 생선구이, 생선조림, 튀김 그리고 지리탕까지 나온 뒤에야 고요함을 맞이할 수 있습니다.

다양한 술안주와 가짓수로 승부 보는 횟집들은 종종 봐왔지만, 이 집은 가짓수만 다양한 게 아니라 술안주 하나하나의 퀄리티가 단품 메뉴 수준으로 봐도 될 정도로 대박입니다. 이것이 이 집만의 확실하게 차별화된 점입니다. 당연히 2차는 엄두도 못 낼 집입니다.

#잠실새내맛집 #퀄리티훌륭 #가성비좋은집

김사원's note

- 술안주 쓰나미에 술병 방파제도 소용없었던 집.
- 과연 이 집의 코스를 완주할 수 있는 사람이 있을까. 사장님과 소소한 소통을 할 수 있는 카운터 석을 추천드립니다.

동네 어르신들까지 취해서 나오는 반찬 가게는 살다살다 처음!

계절식당

| 아구수육 |

주소 서울시 강동구 구천면로 226 1층
찾아 가기 천호역 5번 출구에서 도보 9분 거리
운영 시간 매일 12:00-22:00
주요 메뉴 및 가격 아구수육 소, 대: 20,000원, 30,000원 / 병어조림 1인분: 13,000원 / 굴보쌈: 20,000원

살벌한 반찬 가게

사장님의 살벌한 손맛에 동네 어르신들도 정신을 못 차리고 나오는 집인데요. 식당 분위기는 산 중턱에 자리한 대피소 같은 느낌입니다. 저 같은 아재들의 안식처라고 보시면 되고요(벽에 산 사진이 많습니다).

먼저 밑반찬이 깔립니다. 근본이 반찬가게답게 하나같이 맛깔스러운 반찬들을 내어주십니다. 이 집이 유명한 이유. 메인 메뉴라고 볼 수 있는 '아구수육' 덕분입니다. 아구수육이 단돈 2만 원이라는 것도 놀라운 일인데, 양도 상당히 푸짐합니다. 게다가 바다의 푸아그라라고 불리는 귀한 아귀간조차 푸짐하게 들어 있습니다. 마치 크림 같은 식감에 너무나도 녹진합니다.

겨울 한정 메뉴인 굴보쌈도 추천합니다. 싱싱한 굴과 채소 쌈이 실하게 나오는 구성인데, 이 메뉴

가 특히나 놀랄 노 자인 점, 고기가 없습니다. 이게 어떻게 된 일이냐고 여쭤보니 굴에다가 쌈 싸 먹는 게 굴보쌈 아니냐고 하셨고요. 반박은 일절 할 수 없는 대목입니다.

무엇보다 사장님의 손이 어찌나 크신지 어떠한 메뉴를 시키더라도 양을 상당하게 내어주시는 게 이 집의 매력 포인트입니다. 이 외에 1인분도 주문 가능한 병어조림도 좋고 생물 대구탕, 해산물이 푸짐하게 들어가는 해물라면도 있어 술맛 나는 집인 건 틀림없습니다.

#천호동맛집 #아구수육 #반찬가게

김사원's note

- 가성비가 엄청난 메뉴들! 계절마다 오고 싶은 술맛 나는 계절 식당.
- 병어조림은 무려 1인분도 주문이 가능해서 단골들이 즐겨 찾는 메뉴입니다.

오직 단일 메뉴 하나로만 승부 보는 맛집

세꼬시

| 세꼬시 |

주소 서울시 강동구 양재대로 1427
찾아 가기 길동역 1번 출구에서 도보 8분 거리
운영 시간 월요일-금요일 12:00~22:00, 토요일-일요일 12:00~21:00
주요 메뉴 및 가격 세꼬시 소, 중, 대: 26,000원, 39,000원, 52,000원

다 쓰러져가는데도 줄 서서 먹는 엄청난 횟집

다 쓰러져가는 허름한 외관에다 메뉴도 단 하나. 거기에 밑반찬도 없고 채소 값도 따로 받지만, 항상 사람이 차고 넘치는 수상한 횟집. 여기는 길동에 위치한 '세꼬시'입니다.

이곳을 가보시면 우선 외관에 압도당합니다. 다 쓰러져가는 수준이 아니라, 이미 한 번 쓰러졌다고 볼 수 있는 정도입니다. 제가 만약 올해의 건축상을 꼽는다면 숨도 안 쉬고 여기를 꼽겠습니다. 건물 파사드부터가 들어가기 전부터 맛있는 집이라고 볼 수 있습니다.

메뉴판부터가 역시나 싶은 게 세꼬시 메뉴 하나로만 승부를 봅니다. 세꼬시는 생선회를 뼈째로 썰어낸 회로, 칼 맛이 살아 있는 막회 같은 느낌이라고 보시면 됩니다. 회는 찰기가 살아 있어 쫀

쫀한 맛이 너무나도 좋고 뼈가 거의 느껴지지 않아 걸림 없이 즐길 수 있습니다. 그리고 특이한 건 자리마다 콩가루가 있습니다. 이 콩가루가 비밀 병기라고 볼 수 있는데 별도로 인당 천 원에 판매하는 채소에 초장과 함께 버무려주시면 됩니다. 회를 이 채소와 함께 드시면 별미가 따로 없습니다.
마지막으로 단돈 5천 원에 먹을 수 있는 매운탕은 국물이 끝내주므로 반드시 주문하시기 바랍니다. 양도 푸짐하고 횟감도 신선한 독보적인 세꼬시 맛집, 길동의 '세꼬시'입니다.

#강동구맛집 #세꼬시 #입구에자전거도쓰러져있음

김사원's note

- 올해의 건축상! 롯데타워보다 멋진 파사드입니다.
- 채소무침에 밥을 넣어서 회덮밥을 만들어 드시는 것도 별미입니다.

집 근처에 있으면 진짜로 큰일 날 집

오징어참치

| 활어회 |

주소 서울시 강동구 구천면로 246
찾아가기 천호역 5번 출구에서 도보 9분 거리
운영 시간 매일 12:00~24:00
주요 메뉴 및 가격 활어 모둠회 소, 중, 대: 10,000원, 25,000원, 38,000원

이렇게 옹골찬 구성의 모둠회가 만 원!?
역대급 가성비 횟집

오징어세상, 오징어청춘, 오징어바다 등 비슷한 상호명들이 많은데, 이곳 오징어참치는 절대 흔하지 않은 상당히 강렬한 집이라고 보시면 됩니다. 가게에 입장하시면 평균 연령대는 최소 교감선생님 정도, 사실상 어르신들의 한신포차라고 볼 수 있습니다. 당연히 헌팅은 안 합니다. 전반적으로 가격대가 아주 저렴한 편에 속하는데, 그중 가장 충격적인 메뉴는 모둠회 소짜가 만 원.

주문을 하면 4~5종류의 횟감으로 상당히 실하게 깔리는데, 이쯤 되면 사장님이 용왕이신가? 바다를 직수입하셨나 싶습니다. 집 근처에 있으면 매주 포장하러 다녀갈 집입니다. 하지만 저의 간 건

전반적으로 가격대가
아주 저렴한 편에 속하는데,
그중 가장 충격적인 메뉴는
모둠회 소짜가 만 원.

강을 생각하면 집 근처에 없는 게 아주 천만다행인 부분이고요.

이 밖에도 오징어통찜, 가리비구이, 각종 해산물 그리고 매운탕 등 다양한 메뉴들이 즐비해 있는데, 모든 안주들이 가격만 저렴한 게 아니라 퀄리티 또한 상당한 수준입니다. 가성비를 넘어 갓성비, 아니 킹성비인 횟집. 이곳은 천호동의 '오징어참치'입니다.

#천호동맛집 #킹성비횟집 #사장님만수무강기원

김사원's note

- 저의 간 건강을 생각하면 집 근처에 없는 게 천만다행이지만, 솔직히 이 동네 주민들이 부럽습니다.
- 오징어통찜은 나오는 데 시간이 걸리므로 들어가자마자 물도 따르지 마시고 미리 주문하셔야 합니다.

숙성회와 살발한 안주들이 쓰나미처럼 밀려 나오는 집
인생횟집

| 숙성회 |

주소 서울시 강동구 올림픽로92길 11
찾아 가기 암사역 2번 출구에서 도보 4분 거리
운영 시간 화요일-일요일 16:00~22:00
주요 메뉴 및 가격 모둠회 1인: 33,000원

간판 값 제대로 하는 집

인생이란 무엇인가를 다시금 생각하게 하는 집. 이곳은 암사역 인근에 위치한 '인생횟집'입니다.

메뉴는 단 하나. 현재는 가격이 약간 올라 3만 3천 원입니다. 자리에 앉으면 시작부터 케일, 마와 바나나를 함께 갈아낸 건강 주스를 내어주십니다. 달달한 맛이 참 좋고요. 아마도 오늘 술 많이 들어가니 조심하라는 복선의 의미인 것 같습니다.

곧이어 숙성 사시미 6종의 찰진 모둠회가 나옵니다. 숙성이 정말 잘되어 쫀득쫀득한 맛이 너무나도 좋습니다. 이어서 참치회와 초밥을 내어주십니다. 노릇노릇하게 구워낸 생선구이와 차돌박이 숙주찜, 그리고 여름철에는 물회, 겨울철에는 지리탕 등 도대체 언제까

양만 많은 게 아니라
메뉴 하나하나의 퀄리티가
단품으로 팔아도
손색이 없을 정도로
훌륭합니다.

지 나올까 싶을 정도로 무지하게 나옵니다. 양만 많은 게 아니라 메뉴 하나하나의 퀄리티가 단품으로 팔아도 손색이 없을 정도로 훌륭합니다.

물론 오마카세이다 보니, 그날그날 구성은 조금씩 다를 수는 있겠지만 대체적으로 이 정도 수준의 클라스로 나오는 집이라고 보시면 됩니다. 감동의 쓰나미와 안주 쓰나미를 같이 느끼며 오늘 내 인생은 안녕하구나를 느낄 수 있는 이곳은 암사역 인근에 위치한 '인생횟집'입니다.

#암사역맛집 #오마카세 #가성비최고

김사원's note

- 가성비 극강! 퀄리티 극상! 짜임새 있는 코스 요리 집.
- 주류도 저렴한 편이라 더 위험한 집입니다.
- 반드시 예약은 필수!

since 2012

잘 나오기로 유명한 암사역 미친 인기 맛집
태양수산
| 숙성회 |

주소 서울시 강동구 상암로 42
찾아 가기 암사역 2번 출구에서 도보 2분 거리
운영 시간 화요일-일요일 16:00~22:00
주요 메뉴 및 가격 숙성 모둠회 소, 중, 대: 56,000원, 84,000원, 112,000원

구성 끝내주는 옹골찬 숙성 횟집

좁고 구석진 골목에 자리잡은 그야말로 동네 사람들만 안다는 찐 맛집. 이 집은 옆으로 미는 슬라이드 문부터가 느낌이 제대로 옵니다. 미끄러지듯이 입장하시는 게 맞고요. 여기는 큼지막하고 두툼하게 썰어낸 찰진 숙성회를 주력으로 먹을거리를 옴팡지게 내어주는 횟집 '태양수산'입니다.
여기에 다양한 해산물들과 함께 초밥, 구이, 조림, 매운탕 등 7~8가지의 술안주가 정말 푸짐하게 나오는데요. 둘이 가서 이 가격대에 이렇게 나오는 건 진짜 누가 가도 혜자스러운 집이라고 인정하실 겁니다.

양만 푸짐하게 내어주시는 게 아니라 안주 하나 하나가 다 맛있습니다. 구성의 서사가 이렇게 완벽할 수가 없습니다. 주인공 숙성회가 서서히 클리셰를 깨는 미친 등장이라고 할 수 있고요. 새로

큼지막하고 두툼하게 썰어낸 찰진 숙성회를 주력으로 먹을거리를 옴팡지게 내어주는 횟집입니다.

운 갈등을 유발하며 깜빡이 켜지 않고 들어오는 초밥과 내장조림. 막바지에는 감동으로 치닫는 매운탕까지. 영화로 치면 아카데미 수상작이라고 볼 수 있습니다. 이곳은 강동구 주민들의 열기에 뜨거운 '태양수산'입니다.

#강동구맛집 #천호동맛집 #숙성회맛집

김사원's note

- 구성에 있어 확실히 차별화된 특별함이 있는 횟집.
- 참고로 회만 포장도 되는 집입니다.

관악구 & 금천구 & 동작구

기절초풍왕순대　　　전주식당　　　상도실내포장마차
신풍루곱창구이　　　　　　　　　흑산도소라
청송산오징어
행운동조개

간판부터 심상치 않은 레전드 순대 맛집

기절초풍왕순대

| 모둠순대, 순댓국 |

주소 서울시 관악구 봉천로62길 2
찾아 가기 낙성대역 4번 출구에서 도보 8분 거리
운영 시간 매일 08:00~21:20
주요 메뉴 및 가격 순대 정식: 17,000원 / 순댓국: 9,000원 / 모둠순대: 20,000원

누군가 관악의 미래를 묻거든
고개를 들어 막창순대를 보라, 진정한 서울대 맛집

도대체 무슨 자신감으로 상호명을 이렇게 지으셨을까? 입장하시면 테이블마다 졸도의 현장이 따로 없습니다. 가게 이름 제대로 지으신 게 맞고요.

정신 똑바로 차리고 순대 정식을 주문해봅니다. 순대 정식은 모둠순대의 미니 버전에 순댓국 하나가 나오는 구성이라고 보시면 됩니다.

곧이어 막창순대와 머리고기가 먼저 나옵니다. 촉촉한 윤기가 확실하게 느껴지는데 참으로 찰지게 잘생겼습니다. 순대 맛은 쫄깃한 막창 안에 아삭한 양배추 등 채소들이 씹히는 맛이 상당히 달달하고 좋습니다. 머리고기는 잡내가 없고 질기지도 않고 야들야들한 식

촉촉한 윤기가
확실하게 느껴지는데
참으로 찰지게
잘생겼습니다.

감이 딱 좋습니다.

이어서 국밥이 나옵니다. 이 집 국밥의 특징은 살코기도 많지만 내장이 특히 많은 스타일입니다. 진한 국물이 상당히 매력적인 맛. 그리고 국밥 안에 들어 있는 순대는 막창순대와는 다른 종류의 당면순대인데 쫄깃한 맛이 일품입니다.

술을 들이켤 수밖에 없는 집. 술이 많이 들어가서 기절초풍을 할 수밖에 없는 점, 유의하시고요. 사장님의 미리 기절 예고 상당히 좋았다고 봅니다.

#막창순대맛집 #순대국맛집 #졸도예고

김사원's note

- 기절 중이기에 한마디는 쉬겠습니다.

중국집으로 개업했다가 업종을 바꾼 곱창집

신풍루곱창구이

| 한우곱창 |

주소 서울시 관악구 은천로2길 18 1층
찾아 가기 봉천역 4번 출구에서 도보 7분 거리
운영 시간 월요일-금요일 15:00~23:30, 토요일-일요일 14:00~23:30
주요 메뉴 및 가격 곱창 2인분: 30,000원

곱창계의 무회전 슛,
오직 곱창 단일 메뉴로 돌직구 날리는 집

이곳은 후미진 골목길 안에 오래된 곱창구이 전문점 '신풍루곱창구이'입니다. 신풍루라는 가게 이름에서 짜장면 냄새가 진하게 느껴지는데요. 실제로 사장님께서 중국집으로 오픈하셨다가 가게 이름은 유지한 채 곱창집으로 업종을 바꾸셨다고 합니다. 그 후로는 오로지 순수 한우곱창으로만 오랜 세월 2대째 이어져 오고 있습니다.

아주 푸근한 분위기의 식당으로 메뉴는 곱창 한 판이 끝입니다. 가격은 2인분에 3만 원. 착한 가격에서부터가 맛집입니다.

심플한 메뉴판만큼 밑반찬도 양배추, 고추, 김치, 마늘 정도로 단출합니다.

이어서 메인 메뉴는 염통, 막창, 대창 그리고 곱

창으로 구성되어 나옵니다. 신선한 선도를 유지하기 위해 특별히 연육제를 쓰지 않는다고 하십니다. 그래서 조금 질긴 감은 있지만 노릇노릇하게 잘 익혀 드시면 씹는 맛이 참 좋습니다. 사이드 메뉴 일절 없이 오직 곱창만으로 승부 보는 우직한 집이기에, 컵라면에 한해서는 외부 음식을 허용하십니다. 근처에 슈퍼도 있으니 참고하시고요.

단골들이 상당히 많은, 동네를 넘어 서울에서 사랑받는 곱창집입니다.

#소곱창맛집 #봉천동맛집 #착한가격맛집

김사원's note

- 친절하신 사장님의 따뜻한 정이 넘치는 곱창집.
- 곱창은 거의 튀기듯이 바싹 구워 먹는 게 맛있습니다.

김사원이 제일 좋아하는 소주 안주는 바로 '이것'입니다
청송산오징어
| 산오징어통찜, 산오징어회 |

주소 서울시 관악구 남현1길 8 경도빌딩
찾아 가기 사당역 6번 출구에서 도보 4분 거리
운영 시간 월요일-토요일 14:00~23:00(금어기 4월 휴무)
주요 메뉴 및 가격 산오징어회, 산오징어통찜: 싯가

매년 한 달간 문을 닫는 집이 있다고!?

저에게 가장 좋아하는 소주 안주가 무엇이냐고 물어보시면 숨도 안 쉬고 대답할 수 있습니다. 바로 산오징어통찜입니다. 여기는 사당역 6번 출구에서 도보 4분 정도 거리에 위치한 '청송산오징어'라는 집으로 매일매일 산지에서 올라오는 싱싱한 산오징어를 맛볼 수 있습니다.

이 집은 매년 4월 한 달간 영업을 하지 않습니다. 이유는 오징어 금어기 때문인데요. 말 그대로 이 기간에는 자연보호, 바다 생물 보호화 차원에서 오징어 어획을 금지하고 있어 장사를 하지 않습니다.

가격은 싯가이므로 시기별로 그때그때 다릅니다. 메인 메뉴는 '산오징어회'와 '산오징어통찜' 2가지가 있는데요. 둘 다 먹을 수 있는 반반 메뉴로 가시길 바랍니다.

내장에는 녹진함이
농축되어 있어
입안 가득
고소한 풍미가 퍼집니다.

먼저 산오징어회가 나오는데요. 오이와 양파, 깻잎과 함께 오징어회의 조합이 압권입니다. 앞접시에다 회와 함께 각종 채소들을 고스란히 옮겨놓고 초장을 뿌려봅니다. 신선한 채소와 싱싱한 오징어의 쫀득함에 초장 맛이 버무려져 정말 일품입니다. 소주가 달게 느껴지는 마성의 안주라고 할 수 있습니다. 주먹밥은 반드시 주문해서 함께 드셔보시기 바랍니다. 참기름 향이 가득한 주먹밥과 매콤 새콤한 초장 맛이 환상의 궁합입니다.

이어서 산오징어통찜이 나옵니다. 통찜으로 만드는 데 시간이 조금 걸려 같이 시키면 항상 뒤늦게 나오는 편입니다. 찜을 쪄내는 것이 상당한 기술이라는 걸 빛깔로부터 확인할 수 있습니다. 은근 산오징어통찜을 파는 집을 찾기 어려울뿐더러 잘하는 집은 매우 귀합니다.

이제 내장이 그득한 산오징어통찜을 먹어봅니다. 내장에는 녹진함이 농축되어 있어 입안 가득 고소한 풍미가 퍼집니다. 산오징어통찜의 식감은 일반 냉동 오징어로 하는 숙회와는 비교가 불가할 정도로 부드럽습니다.
마지막으로 바지락 라면까지 이어가 봅니다. 마무리로 라면만큼 훌륭한 후식이 없죠. 라면은 현금 계산 시 서비스라고 하니 참고하시기 바랍니다.
날씨가 좋으면 운 좋게 가게 앞에서 야장도 즐길 수 있는 아주 매력적인 집. 다만 인기가 너무 많아져서 조용하기보단 시끌벅적하고 복잡한 분위기는 감안하셔야 하지만, 술맛 하나만큼은 정말 끝내주는 집입니다.

#소주도둑 #사당맛집 #금어기조심

김사원's note

- 김사원의 최애 소주 안주, 산오징어통찜을 안 드셔보신 분이 없길.
- 워낙 인기가 많고 웨이팅이 길어 주말에는 가급적 오픈하자마자 가시는 게 좋습니다.

살다살다 서울에서 조개구이를 이렇게 퍼주는 집은 처음
행운동조개
| 조개구이, 조개찜 |

주소 서울시 관악구 남부순환로 1835-30 1층
찾아 가기 서울대입구역 7번 출구에서 도보 3분 거리
운영 시간 화요일-일요일 16:00~24:00
주요 메뉴 및 가격 조개구이 소, 중, 대: 42,000원, 52,000원, 62,000원

가성비를 넘어 갓성비인 조개구이 맛집

여기가 오이도인가, 을왕리인가? 서울에서 조개구이를 이만큼 퍼주는 집은 처음입니다.

식당 분위기는 오픈카를 탑승한 그 느낌, 바로 그 자체입니다. 오지게 찬바람이 불어오는 와중에도 입 돌아가도 나 몰라라 하는 바닷가 분위기라고 보시면 되고요.

조개구이 소짜를 주문하시면 믿을 수 없는 광경이 펼쳐집니다. 키조개부터 소라, 각종 조개를 한 소쿠리 가득 담아 넣어주십니다. 당연히 여기서 끝이라고 생각하면 경기도 오산이고요. 이번엔 가리비만 큰 접시에 한가득 또 담아 내어주십니다. 압도적인 양에 한 번, 미친 신선함에 두 번 놀란다고 보시면 됩니다.

압도적인 양에 한 번, 미친 신선함에 두 번
놀란다고 보시면 됩니다.

조개찜 또한 여러분의 기대감을 가득 채워줄 수 있고요. 조개찜이 나오는 순간 다 먹을 수 있을까 하는 첫 느낌부터 듭니다. 게다가 조개 하나하나 실한 에이스급으로 담아주시는데, 감히 자신 있게 말씀드리자면 서울에서 이만한 조개 집은 단연코 없다고 봅니다.

조개구이와 조개찜으로는 역대급 혜자식당, '행운동조개'입니다.

#서울대맛집 #조개구이맛집 #조개찜맛집

김사원's note

- 조개구이 끝판 왕! 행운동에서 오지는 행운의 집.
- 웨이팅이 매우 살벌합니다.

하나만 시켰는데 밑반찬이 무려 33개나 깔린다고!?
전주식당

| 문어보쌈, 한정식 |

주소 서울시 금천구 독산로109길 27 1층
찾아 가기 구로디지털단지역 6번 출구에서 도보로 10분 거리
운영 시간 월요일-토요일 15:00~21:00
주요 메뉴 및 가격 문어보쌈 중: 55,000원 / 홍어보쌈 중: 55,000원

젓가락을 쉽게 놔둘 수가 없는 집

이번에 찾아가볼 집은 금천구 독산동 주택가 골목길에 위치한 '전주식당'인데요. 참고로 이 집 사장님은 전주와는 아무런 관련이 없는 진도 출신이십니다. 진도와 전주 사이는 대략 200km나 떨어져 있다고 볼 수 있고요. 이곳은 100% 예약제로 운영하고 있는 집으로, 사장님께서는 백반집으로 소개하시는데 단언컨대 일반적인 백반집은 아닙니다. 저는 미리 문어보쌈을 예약하고 찾아가보았습니다.

예약 시간 직전에 미리 상차림을 준비해놓으셨는데 상다리가 부러지지 않고 온전히 버티고 있는 게 용한 수준입니다. 무려 반찬의 가짓수가 33개. 한식 반찬으로 나올 반찬은 여기서 다 먹을 수 있다고 보시면 됩니다. 특히 터질 듯한 오동통한 살점의 꼬막과, 녹진하면

고기 비계에서는 쫀득함이 느껴지면서도
살점이 녹아내리는 게 범상치 않은 내공이 느껴집니다.

서 구수한 칠게 반찬이 참 인상 깊습니다. 여기에다 전문점 못지않은 수준의 걸쭉한 청국장과 메인 메뉴로도 손색없는 새우젓이 들어간 짭조름한 맛의 계란찜까지 내어주십니다.

이어서 메인 메뉴인 문어보쌈을 내어주시면서 먹는 방법을 상세히 알려주십니다. 사장님과 짧게나마 대화를 나누었는데, 음식에 대한 자부심과 자신감이 대단하십니다. 맛에 자신 있어 하시는 만큼, 메인인 보쌈 맛은 아주 훌륭합니다. 고기 비계에서는 쫀득함이 느껴지면서도 살점이 녹아내리는 게 범상치 않은 내공이 느껴집니다. 여기에 3종류의 김치까지 함께 내어주시는데 시원하니 맛이 좋습니다. 갓김치, 명이나물, 갈치속젓, 두릅 등 아마도 보쌈과 조합해 먹을 반찬 가짓수가 수십 가지는 되지 않을까 싶습니다.

어디 가서 밥은 먹고 다니냐는 소리를 들으시는 분이라면 무조건 가시기 바랍니다. 확실하게 제대로 먹고 산다고 말할 수 있는 집입니다.

#독산동맛집 #문어보쌈 #예약은필수

김사원's note

- 집 나간 입맛, 제대로 찾아오는 집입니다.
- 칠게장 양념을 비빈 밥은 정말 일품. 반드시 해 드시길.

포장마차라고 다 같은 포장마차가 아닙니다
상도실내포장마차

| 오징어물회, 오징어통찜 |

주소 서울시 동작구 상도로 288
찾아 가기 상도역 1번 출구에서 도보 3분 거리
운영 시간 월요일-토요일 16:30~23:00
주요 메뉴 및 가격 오징어물회, 오징어통찜: 싯가

메뉴 하나로만 승부 보는 포장마차

밤 9시가 넘어도 사람들이 무지하게 줄 서 있는 포장마차가 있습니다. 이곳은 상도동에 위치한 '상도실내포장마차'라는 집인데요. 오랜 세월 동안 오징어 단일 메뉴 하나만으로 엄청난 유명세를 떨친 집입니다.

단, 상도동임에도 불구하고 상도에 어긋나는 듯한 살벌한 싯가에 놀랄 수도 있으니 조심하시기 바랍니다.

대표 메뉴 오징어물회로 출발해보겠습니다. 이 집 물회 같은 경우는 아마도 서울에서 가장 유명한 물회 집이라고 봐도 손색이 없습니다. 그만큼 내

용물의 실함은 물론 맛 또한 상당한데요. 육수가 보약이 따로 없다고 볼 수 있고요. 특히 여름철에 가시면 한의원보다 처방이 좋다고 보시면 됩니다. 소면도 서비스로 푸짐하게 내어주시는데 특

효 오집니다.

오징어통찜으로 이어가봅니다. 녹진한 내장이 밖으로 흐르는 게 참 맛깔스럽습니다. 오징어통찜을 잘하는 집이 은근히 귀합니다. 꽉 찬 돌직구 내장에 제정신을 못 차릴 수 있고요.

포장마차라고 다 같은 포장마차가 아닌, 레전더리 포장마차. 다만 손님이 무지하게 많은 탓에 갈 때마다 실패해서 실제로 저도 3번 만에 겨우 자리한 집입니다.

#상도동맛집 #오징어물회 #오징어통찜

김사원's note

- 이 집 오징어물회는 전국구 맛집이라고 봅니다.
- 바로 인근에 2호점도 있습니다만, 여름철에는 늦게 가면 오징어가 이미 다 떨어진 후입니다.

보물찾기 수준! 모르면 알아보기도 힘든 주당들의 성지

흑산도소라

| 소라무침, 소라찜 |

주소 서울시 동작구 장승배기로 137-1
찾아 가기 노량진역 5번 출구에서 도보 5분 거리
운영 시간 화요일-일요일 12:00~22:00
주요 메뉴 및 가격 소라: 23,000원 / 낙지초무침: 17,000원 / 낙지수제비: 17,000원

이게 식당이라고!?
간판도 없고 잘 보이지도 않는 찐 맛집

작고 허름한 외관. 모르면 스쳐 지나가기 딱 좋은 그야말로 동네 사람들만 안다는 숨은 맛집입니다. 식당 분위기는 이보다 더 노포일 수 없는 분위기. 고작 3개의 테이블과 안쪽으로 자그마한 방이 하나 있습니다. 세월을 어떻게 맞았는지 도무지 모르겠을 정도입니다. 이곳의 시간만 빨리 가는 건지 아인슈타인도 풀지 못하는 상대성 이론이라고 보시면 되고요.

메뉴는 산지 직송 소라와 뻘낙지가 메인인 집입니다. 우선 소박한 밑반찬들을 내어주시는데 하나같이 맛이 좋고요. 이곳에서 필수로 주문해야 하는 소라는 내장의 녹진함과 쫀득한 식감이 참 좋습니다. 이어서 낙지초무침과 낙지수제비 그리고 꼼장어까지 맛깔나는 술안주들이 즐비하고 있습니다. 이모님의 손맛이 무지하게 좋으셔서, 어지간해서는 맛없다 소리 나오기 힘

소라는 내장의
녹진함과
쫀득한 식감이
참 좋습니다.

든 수준입니다.

작고 허름해서 잘 알려지지 않은 집이지만, 소박한 공간에서 진하게 한잔 하기에는 더할 나위 없는 소중한 집. 이곳은 발견하기도 힘든 노량진 인근에 위치한 '흑산도소라'입니다.

#소라맛집 #소라맛집 #정감넘치는집

김사원's note

- 리모델링 금지! 오래오래 보존되었으면 하는 술맛 죽이는 실내 포차.
- 사장님이 너무너무 친절하셔서 기분 좋아지는 집입니다.

영등포구 & 강서구 & 양천구

대한옥   원조나주곰탕   옛날마차
부일숯불갈비   원조수구레
중앙참치
화목순대국

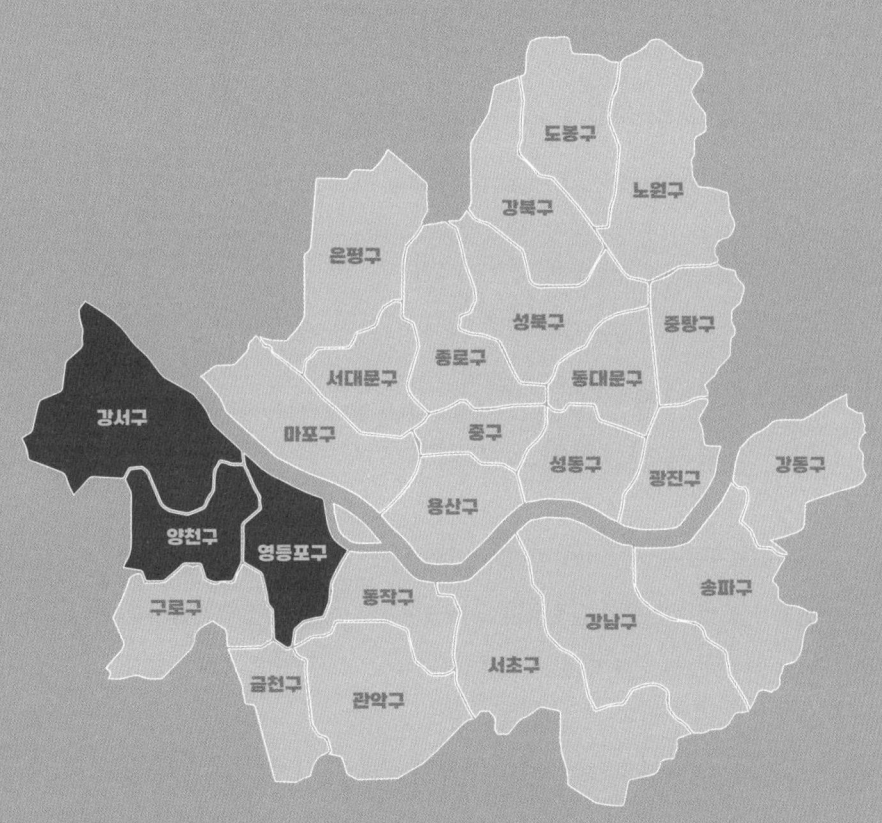

since 1970

남의 돈으로 가기에는 최고의 식당입니다
대한옥

| 꼬리수육 |

주소 서울시 영등포구 영등포로51길 6 1층
찾아 가기 영등포시장역과 신길역 사이에 있으며, 영등포 시장 안에 있습니다
운영 시간 화요일-토요일 11:00~20:50
주요 메뉴 및 가격 꼬리수육 소, 대: 70,000원, 83,000원

소고기 중 가장 비싼 부위!?
50년 업력의 전설적인 노포 식당

과연 소고기 중에 가장 비싼 부위는 어디일까요? 고급 부위로는 꽃등심이나 살치살, 안창살, 우설 등을 꼽을 수 있습니다만 소꼬리에 붙은 야들야들한 식감의 극강을 맛볼 수 있는 꼬리 살이야말로 상당히 귀하고 비싼 부위입니다.

이번에 찾아갈 곳은 1970년, 영등포 시장 안에 개업해서 무려 50년도 넘은 업력의 집 '대한옥'입니다. 허름한 건물에서부터가 엄청난 세월이 느껴지는데다 식당 입구에서는 공포감이 느껴질 정도로 오래된 모습입니다. 이 정도 외관인데도 사람들이 줄 서 있다? 맛없으면 안 된다는 얘기입니다.

양념된 부추가 올라가 있어 압도적인 비주얼을 자랑합니다.
이제 한 점을 맨손으로 집어 살점을 뜯어 먹어봅니다.
야들야들하면서도 쫀득한 식감이 참 좋습니다.

이 집의 메인 메뉴는 꼬리수육입니다. 아무래도 소꼬리가 상당히 귀하고 비싼 부위인 만큼 생일 때나 올 수 있을 법한 가격입니다. 서비스 설렁탕 국물과 곧이어 꼬리수육이 등장합니다. 양념된 부추가 듬뿍 올라가 있어 압도적인 비주얼을 자랑합니다. 이제 한 점을 맨손으로 집어 살점을 뜯어 먹어봅니다. 야들야들하면서도 쫀득한 식감이 참 좋습니다. 부추가 진하게 배어 있는 간장 양념에 찍어 먹으면 별미 중의 별미입니다.

국수사리는 화룡점정으로 무조건 추가하셔야 합니다. 꼬리수육 아래에 깔린 간장 양념과 함께 버무려 먹어주면 기가 막힙니다. 심지어 소면도 아니라 중면이라서 양념이 잘 배어 좋습니다.

허름한 분위기이며, 음식들의 맛과 조화로움 등 술을 부르는 데에는 빠지는 요소 없이 모두 갖췄습니다. 부추와 꼬리수육은 몸보신으로도 강력한 음식이어서 술 마시면서 죄책감마저 한 스푼 덜어집니다.

딱 하나 단점이 있다면 바로 가격입니다. 누군가에게 얻어먹을 일이 있으면 반드시 기억해야 하는 식당. 여기는 영등포 시장 안 '대한옥'입니다.

#소꼬리찜맛집 #영등포시장맛집 #국수가별미

김사원's note

- 국수사리는 최소 2번은 주문하자.
- 꼬리수육으로 유명한 집이지만, 사실 정체는 설렁탕 전문점. 근처 신길동에 2호점도 있으니 참고하시길.

제가 서울에서 먹어본 돼지갈비 집 중 가장 맛있게 먹은 집입니다

부일숯불갈비

| 돼지갈비 |

주소 서울시 영등포구 영중로6길 23-8
찾아 가기 영등포역 3번 출구에서 도보 4분 거리
운영 시간 월요일-목요일 16:30~22:00, 금요일-일요일 11:30~22:00,
　　　　　매주 화요일 휴무
주요 메뉴 및 가격 돼지갈비: 18,000원

절대로 망할 수 없는 고깃집의 표본

영등포를 대표하는 식당이라고 봐도 될 정도로 이제는 명소가 되었습니다. 늘 대기가 많아 먹기 힘든 집이기도 합니다. 여기는 무려 30년이 넘는 역사를 자랑하는 돼지갈비가 아주 맛있는 고깃집. 사실 이 집에서 느낄 수 있는 감동 포인트는 고기뿐만이 아닌데요.

입장과 동시에 돼지갈비를 주문하고 상차림을 기다립니다. 채소 가격이 치솟고 있는데도 쌈을 푸짐하게 내어주십니다. 정겨운 감자사라다와 시원한 물김치, 밥도둑 양념게장, 여기에 퀄리티 좋은 참숯불까지 돼지갈비 집의 근본을 보여줍니다.

이어서 돼지갈비가 나옵니다. 이 집의 특징은 식당 이모님들께서 굽는 방법을 친절히 알려주시면서 손님 한 분 한 분을 정성스럽게 케어해주시

양념 맛은 단맛이 강하지 않아
자극적이지 않고 슴슴해서
계속 집어 먹게 됩니다.
같이 나오는 상추무침과 함께
먹으면 정말 일품입니다.

는 특급 서비스에 있는데요. 이런 케어를 노포에서 받을 수 있다니 놀라울 따름입니다.

양념 맛은 단맛이 강하지 않아 자극적이지 않고 슴슴해서 계속 집어 먹게 됩니다. 같이 나오는 상추무침과 함께 먹으면 정말 일품입니다. 돼지갈비만 주문했을 뿐인데, 된장찌개 그리고 돼지껍데기까지 서비스로 나옵니다. 별도로 판매해도 손색이 없을 정도로 훌륭한 메뉴들이고요. 서비스라고 대충 내어주는 것도 아닙니다. 된장찌개에는 차돌이 듬뿍 들어가 있어 술을 부르는 마력이 끝내줍니다. 그리고 돼지껍데기는 콩가루도 함께 내어주시는데 쫀득한 맛이 일품입니다.

저는 운 좋게도 식당 사장님의 케어를 받은 적이 있습니다. 짧게나마 대화를 나눴지만 손님을 대하는 태도며 장사를 하시는 마인드를 엿볼 수 있었는데, 이 집은 망할 일은 절대 없겠다 싶었습니다.

어떻게 하면 손님들이 찾아올 수밖에 없는지 알고 싶으신 분들, 이제 장사를 시작하실 분들께는 더욱더 추천드리고 싶은 식당. 바로 영등포역 인근에 위치한 '부일숯불갈비'를 찾아가시면 됩니다.

#영등포맛집 #돼지갈비의정석 #서비스최고

김사원's note

- 기다림이 아깝지 않은 집!
- 요즘에는 '테이블링' 앱을 통해 예약하고 갈 수 있어 기다리지 않고 먹을 수 있다고 합니다.

서울에서 현존하는 가장 오래된 참치 전문점
중앙참치
| 참치회 |

주소 서울시 영등포구 영등포로43길 14 1층
찾아 가기 영등포시장역 3번 출구에서 도보 6분 거리
운영 시간 월요일-토요일 16:30~23:00
주요 메뉴 및 가격 실장 스페셜: 40,000원 / 특실장 스페셜: 50,000원 / 중참 스페셜: 65,000원

술 먹다 도망치듯 나온 집

이곳은 찾아가기가 조금 험난한, 시장 속 깊숙한 곳에 자리한 집인데요. 외관에서 엿보이는 오랜 세월에서 거룩함이 느껴집니다. 카운터 석의 나무 테이블과 함께 오랜 세월의 흔적이 느껴지는 가게 분위기가 너무나도 매력적입니다.

본격적인 참치회가 나오기 전, 참치머리조림과 참치샐러드, 문어회, 참치구이 등 다양한 애피타이저들을 내어주시는데요. 이곳은 참치회가 리필되기 때문에 미리 양 조절을 잘하시기 바랍니다.

참다랑어 뱃살부터 등살, 가마살, 머리살에 메카도로까지 다양한 부위가 나옵니다. 무엇보다도 이 집의 가장 차별화된 매력은 해동이라고 봅니다. 참치는 해동이 전부라고 할 수 있을 정도로

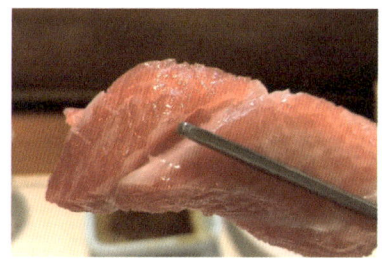

마치 생참치를 먹는 것마냥
입안에서 녹는 정도가
예술입니다.

중요한데, 여기는 마치 생참치를 먹는 것마냥 입안에서 녹는 정도가 예술입니다.

카운터 석에 앉으시면 참치 퍼레이드가 끝도 없이 펼쳐지는 점. 일어나려 하면 썰어주시니 술을 더 시킬 수밖에 없기에, 진짜 도망치듯 일어나야 하는 집입니다.

#영등포맛집 #참치맛집 #특실장스페셜추천

김사원's note

- 생참치를 먹는 듯한 극상의 해동 기술! 분위기만 맛집이 아닌 참치 맛집.
- 사장님께 술을 따라 드려보자. 흥이 오르시면 맛있는 부위를 내어주실지도!?
- 이 집의 참치 내장 젓갈도 별미!

since 1985

고작 순댓국 한 그릇을 왜 이렇게 줄 서서 먹을까!?

화목순대국

| 곱창순댓국 |

주소 서울시 영등포구 여의대방로 383 1F
찾아 가기 샛강역 2번 출구에서 도보 4분 거리
운영 시간 월요일-토요일 10:30~22:00
주요 메뉴 및 가격 순댓국: 10,000원 / 순대 소: 12,000원

아마도 서울에서 가장 핫한 국밥 집일 겁니다

생각해보니 이 집을 방문한 날은 전부 비가 오는 날이었던 것 같습니다. 비가 오는 날이면 자연스레 뜨끈한 국밥 한 그릇을 떠올리게 되는데 그중에서도 유독 생각나는 식당.

화목순대국은 여의도점과 광화문점이 있습니다. 직장인들이 정말 많은 동네이기에 언제 가시든 웨이팅은 감수하셔야 하는 인기 있는 식당입니다.

반찬은 잘 익은 깍두기와 양파, 고추, 새우젓갈이 제공됩니다. 아주 단출하지만 든든한 국밥 한 그릇에 이 정도 반찬이면 충분합니다.

곧이어 쇠 쟁반 위로 순댓국이 나옵니다. 뚝배기 받침으로 이런 쟁반을 사용하는 것이 상당히 독특합니다. 이 집은 기본적으로 밥을 말아서 내어주십니다(물론 별도로 요청하시면 밥 따로 내어주십니다). 우선 뻘건 국물 색깔이 비오는 날 술 한잔 올리기에 아주 잘 어울리는 색감입니다. 고기와 내

장의 양 또한 상당히 많은데요. 다른 집의 경우에는 각종 부속물들이 들어가는 편이나, 화목순대국은 오직 곱창만을 넣어주십니다. 이 점이 이 집을 특별하게 만드는 요인 중 하나라고 봅니다. 고소하면서 쫄깃한 곱창을 개운한 국물과 함께 퍼 올려주면 맛이 아주 좋습니다. 순대 또한 찹쌀순대라 쫀득함이 좋고요.

여기는 듬뿍 들어간 내장 때문인지 돼지 특유의 꼬릿한 향이 살짝 느껴지긴 합니다. 이 점 때문에 호불호가 있지만, 이 내장 때문에 엄청난 매니아층을 보유하고 있는 집입니다.

비가 오는 날이면 생각나는 순댓국집. 직장인들에게 무지하게 사랑받는 '화목순대국'입니다.

#유재석맛집 #곱창순대국 #비가오면김사원출몰

김사원's note

- 술 당기게 하는 칼칼한 국물이 일품! 과연 해장을 하는 곳이 맞는가….
- 개인적으로는 여의도점보다 광화문점을 좋아합니다. 기분 탓인지는 모르겠지만 광화문점이 더 맛있게 느껴졌습니다.
- 하지만 여의도가 본점이라서 여의도 본점을 기록했습니다.

오픈하자마자 줄 서서 먹는, 무조건 조기 마감하는 집
원조나주곰탕

| 곰탕 |

주소 서울시 강서구 양천로14길 10
찾아 가기 개화산역 2번 출구에서 도보 6분 거리
운영 시간 월요일-토요일 11:20~19:00
주요 메뉴 및 가격 나주곰탕 보통, 특 : 13,000원, 16,000원

곰탕을 시키면 무려 수육을 서비스로 내어주는 집

재료가 소진되면 칼같이 조기 마감되는, 사실상 이모님들의 칼퇴는 보장되는 집이라고 볼 수 있습니다. 어찌나 맛이 굉장한지 문을 열자마자 동네 사람들이 오지게 몰려오는 집. 이곳은 방화동에 위치한 '원조나주곰탕'입니다. 사실상 원조는 전국 곳곳에 있는 흔한 상호명인데요(진짜 원조인지는 모르겠습니다).

곰탕을 주문하시면 곧이어 양념 고기가 서비스로 나옵니다. 아주 달콤하게 양념된 소고기 사태살인데 본 메뉴가 나오기도 전에 소주로 워밍업하다 골

로 갈 그런 맛입니다. 이게 서비스로 나와도 되나 싶은 수준의 훌륭한 퀄리티를 자랑합니다.

이어서 맑은 국물 위로 지단이 듬뿍 올라가 있는 전형적인 곰탕의 비주얼이 등장합니다. 보통 사

국밥이란 조선시대 산적에 빙의해서
후루룩 말아 먹어줘야
진정한 국밥의 소울을 느낄 수 있습니다.

이즈인데도 고기가 상당히 많습니다. 토렴식이라 밥이 말아져 나오는데, 밥보다 고기가 많을 정도로 그득합니다. 어떻게 밥보다 고기가 많을 수 있을까요? 밥을 적게 넣어주십니다. 상당한 비결이고요(참고로 공깃밥 추가는 무료).

곰탕 맛은 정말 깔끔하고 담백한 국물 맛이 일품입니다. 개인적으로 국밥에서 중요하게 보는 점은 국물의 온도입니다. 국밥이란 거의 조선시대 산적에 빙의해서 후루룩 말아 먹어줘야 진정한 국밥의 소울을 느낄 수 있다고 봅니다. 너무 뜨겁지 않은 적당한 온도가 딱 좋습니다.

마무리로 서비스 안주로 내어주신 양념 고기에다 밥을 비벼 드시기 바랍니다. 정말 꿀맛입니다.

#나주곰탕맛집 #서비스안주최고 #강서구맛집

김사원's note

- 서울에서 나주식 곰탕을 구사하는 집들 중에서는 단연코 최고인 집.
- 참고로 특 사이즈를 시키시면 고기 양도 많은데 스지 부위가 추가된다고 합니다.

수구레라고 하는 정체불명의 메뉴를 파는 살벌한 집
원조수구레

| 수구레 |

주소 서울시 강서구 공항대로 103 M9타워 111호
찾아 가기 마곡역 1번 출구에서 도보 7분 거리
운영 시간 월요일-토요일 15:00~23:00
주요 메뉴 및 가격 수구레 소, 중, 대: 25,000원, 35,000원, 45,000원 /
낙지수구레 소, 중, 대: 40,000원, 50,000원, 60,000원 /
비빔국수: 3,000원

미친 술안주!
술안주로 끝장나는 메뉴를 파는 40년 업력의 찐 맛집

도대체 수구레가 뭐냐? 자문자답 들어갑니다. 소의 부위라고 보시면 됩니다. 내장 부위는 아니고 소의 가죽과 근육 사이의 막을 수구레라고 합니다. 대표 메뉴는 수구레와 산낙지수구레가 있는데, 풍부하게 먹을 수 있는 산낙지수구레로 주문해보겠습니다. 이 집에서는 이 메뉴를 2가지 버전으로 즐길 수 있는데 처음에는 무침으로 먹다가 익히면서 볶음으로도 먹을 수 있습니다. 익기 전 무침으로 바로 입에 넣으면 꼬들꼬들한 식감이 독보적입니다. 그리고 익힌 수구레는 말랑말랑해지면서 쫄깃한 게 마치 도가니의 식감과 흡사합니다. 거기에 양념 맛은 진득한 아구찜 맛과 새콤한 골뱅이무침 그 사이쯤에서 논다고 보시면 됩니다.

익기 전 무침으로
바로 입에 넣으면
꼬들꼬들한 게
독보적인 식감입니다.

비빔국수는 반드시 주문하셔야 합니다. 고민이 필요 없는 메뉴입니다. 간장과 참기름, 오이의 조화로움이 완벽한 고소한 비빔면입니다.
훌륭한 맛은 물론 미친 푸짐함까지 아주 오랜 세월 동안 동네 주민들에게 사랑받는 데에는 그만한 이유가 있습니다.

#강서구맛집 #원조수구레 #비빔면맛집

김사원's note

- 아재 취향 저격! 색다른 술안주를 시도해보고 싶다면 반드시 접해보시길.
- 양이 상당히 많은 집입니다만, 비빔국수는 배가 불러도 시키셔야 합니다.

※ 이전했습니다. 하지만 노포를 추억하기 위해 과거의 사진으로 기록했습니다.

이게 어떻게 5만 원이죠?
옛날마차

| 멸치회무침 |

주소 서울시 양천구 신정중앙로 84
찾아 가기 목동역 1번 출구에서 도보 5분 거리
운영 시간 월요일-금요일 15:00~01:30, 토요일-일요일 14:00~01:30
주요 메뉴 및 가격 옛날마차 스페셜: 50,000원 / 매운탕 5,000원

구성 미쳐버린 가성비 쩌는 횟집

맛도 좋은 데다가 가성비까지 좋은 게 죄라면, 여기는 무기징역 확정입니다. 완전히 대역 죄인이라고 보시면 되고요.

오래된 노포임에도 불구하고 식당 앞 어항 상태만 봐도 관리가 무지 잘되어 있는 걸 알 수 있습니다. 공간도 별관까지 있어 매우 넓고 쾌적합니다. 자리에 착석을 하면 이모님께서 노래방 책 같은 메뉴판을 가져다주시는데, 메뉴의 종류가 상당히 많습니다. 다양한 해산물들은 물론, 저렴하고 가성비 좋은 생선부터 고급 어종까지 스펙트럼이 매우 넓습니다. 이 중 가성비를 극강으로 끌어올린 옛날마차 스페셜이라는 5만 원짜리 메뉴를 주문해보겠습니다.

고등어구이를 비롯한 밑반찬이 실하게 나옵니다. 이어서 멸치회무침을 내어주시는데요. 사실

김에다 한 움큼 멸치회를 올려서
입안으로 넣어봅니다.
참기름 향과 어우러져
고소함이 느껴지는데요.
무침의 양념 맛이 새초롬한 게
술맛을 돋우기에 참 좋습니다.

이 집은 이 멸치회무침으로 유명한 집이기도 합니다. 일단 서울에서 멸치회무침을 파는 곳이 잘 없을 뿐만 아니라, 싱싱하게 생멸치로 무쳐주시는 집은 귀하다고 볼 수 있습니다. 김에다 한 움큼 멸치회를 올려서 입안으로 넣어봅니다. 참기름 향과 어우러져 고소함이 느껴지는데요. 무침의 양념 맛이 새초롬한 게 술맛을 돋우기에 참 좋습니다. 멸치의 살점은 부드러우면서 사이즈도 실한 게 고등어 못지않게 두툼합니다.

이어서 술안주 3단 메들리가 울려 퍼집니다. 모둠회와 해산물 세트 그리고 간장게장까지 나오는데요. 놀랍게도 인당 5만 원이 아니라 토탈 5만 원짜리 메뉴 맞습니다. 광어, 우럭, 숭어가 도톰하게 썰려 나온 모둠회는 두말할 필요도 없는 만인의 횟집 베스트 구성이고요. 멍게, 소라, 새우에다 전복에 왕꼬막까지 나오는 해산물 종합 세트는 하나하나 거를 타선이 없습니다. 한 잔에 한 점씩 했다가는 골로 간다고 볼 수 있고요.

마무리로는 손수제비를 추가한 5천 원짜리 매운탕으로 해주시면 완벽한 하루를 만끽하실 수 있을 겁니다.

비록 상호명은 옛날이지만, 현재에도 이 동네 주민분들에게 여전히 사랑받고 있는 집입니다. 사실 이렇게 퍼주시면 사랑받을 수밖에 없습니다.

#목동맛집 #멸치회무침 #기장멸치회

김사원's note

- 술꾼들에게는 그랜저보다 승차감 좋은 차, 목동 옛날마차.
- 수제비 추가는 고민하지 않기. 기성품 수제비가 아닌 직접 뜯어 먹을 수 있는 손수제비가 나옵니다.

강북구 & 도봉구 & 중랑구

마포감자국 즐거운술상 용마해장국
인수재   한국횟집
지우정
황주집

참고로 마포와는 전혀 상관없는 집입니다
마포감자국
| 감잣국 |

- **주소** 서울시 강북구 한천로 1158 1층
- **찾아 가기** 4.19민주묘지역 1번 출구에서 도보 6분 거리
- **운영 시간** 화요일~일요일 15:30~22:30
- **주요 메뉴 및 가격** 감잣국 중, 대, 특대: 30,000원, 45,000, 55,000원 / 수제비: 2,000원 / 볶음밥: 2,000원

영화를 보고 온 듯한 잔상과 여운이 오래 남는 집

감잣국계의 평양냉면 같은 집. 여길 처음 맛보면 그동안 알고 있었던 일반적인 감자탕의 얼큰한 맛과 강렬함은 없어 다소 아쉬울 수 있습니다. 흔히 알고 있는 감자탕의 우거지나 시래기 또한 들어가지 않습니다.

하지만 자극적인 맛으로 혀를 현혹시키지 않고도 깔끔하고 시원한 맛을 전달할 수 있다는 걸 알게 됩니다. 오직 깻잎이랑 대파만으로 감잣국의 느끼한 맛을 잡아내서 국물이 굉장히 깔끔합니다. 국물을 잘 보시면 둥둥 떠다니는 기름기가 확실히 적습니다.

고기는 오래 삶아서 살점이 너무나도 부드럽습니다. 같이 내어주시는 겨자소스에 찍어 드시면 궁합이 참 좋습니다. 그리고 고기가 바닥 날 때쯤, 국물에 넣을 수 있는 클라이막스로 수제비와

오직 깻잎이랑 대파만으로
갈비국의 느끼한 맛을 잡아내어서
국물이 굉장히 깔끔합니다.
국물을 잘 보시면 둥둥 떠다니는 기름기가
확실히 적습니다.

라면 사리가 있습니다.

라면은 그냥 집에서 물 올리시고요, 이 집은 무조건 수제비로 가시는 게 맞습니다. 수제비는 시중에 판매하는 기성품이 아니라 직접 반죽한 수제비를 내어주시는데 쫀득함이 일품입니다.

마무리로는 당연히 볶음밥까지 이어지셔야 합니다. 김가루와 깻잎이 가득 들어 있는데 여기에 고소한 참기름 냄새가 제대로 올라옵니다. 감잣국도 이렇게 근사한 코스 요리가 될 수 있습니다.

이 집 감잣국은 질리지 않기에 돌아서면 생각나는 그런 맛입니다. 마치 감명 깊은 영화를 보고 온 듯한 여운이 오래 남는 집. 여기는 마포에는 없고 수유에 있는 '마포감자국'입니다.

#감자국 #수유동맛집 #손수제비

김사원's note

- 화려한 옷보다는 심플하고 깔끔한 스타일의 옷을 즐겨 입는 편입니다. 감 잣국의 취향도 마찬가지입니다.
- 최근 쾌적한 공간으로 확정 이전을 하면서 노포의 감성은 없어졌습니다. 그러나 맛은 그대로입니다.

※ 이전을 했지만 노포를 추억하기 위해 과거의 사진으로 기록했습니다.

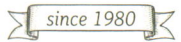

단순히 식당을 가는 게 아니라 여행을 떠나는 것

인수재

| 갈매기살 |

주소 서울시 강북구 4.19로 21길
찾아 가기 4·19민주묘지역에 내려서 택시 타기
운영 시간 화요일-금요일 11:00~20:00, 토요일-일요일 07:00~20:00
주요 메뉴 및 가격 통갈매기살: 15,000원 / 양념갈매기살: 15,000원 / 두부: 5,000원

아니, 산속에 이런 식당이 있다고!?

여행을 가는 기분으로 출발합니다. 4호선 수유역에서 내려 버스를 타고 북한산 초입인 무량사 입구에 도착해 하차합니다. 이제 골목을 따라 북한산 등산을 시작해봅니다. 20분 남짓 올라가다 보면 눈앞에 놀라운 광경이 펼쳐집니다. 살다살다 이런 곳에 식당이 있다니, 심지어 무려 40년도 넘은 업력의 식당입니다.

제가 서울에서 다녀본 식당 중에서는 가장 신비로운 분위기의 집이 아닐까 싶습니다. 보통 이런 분위기라면 음식은 평범하겠거니 싶은데, 고기와 반찬들까지 맛이 훌륭합니다. 메인 메뉴 갈매기살은 가격이 참 착합니다. 개인적으로는 통갈매기살보다 양념 갈매기살이 훨씬 맛있었습니다.

산에서 직접 만드시는 두부도 주문해봅니다. 맛을 보는 순간 지은 죄가 없지만은 잠시나마 출소하는 감격을 느낄 수 있습니다. 말할 것도 없이 막걸

오후 반차를 쓰고도
서울 어디로든 떠날 수 있습니다.
중요한 건 마음먹기에 달렸습니다.

리와는 찰떡 궁합입니다.

이곳은 캐리어는 물론 배낭조차 필요 없이 떠날 수 있는 여행지라고 할 수 있습니다. 꼭 기차 타고, 비행기 타고 가는 것만이 여행은 아닙니다. 평상시에 퇴근해서도 여행을 갈 수 있고, 오후 반차를 쓰고도 서울 어디로든 떠날 수 있습니다. 중요한 건 마음먹기에 달렸습니다.

일상에 지쳐 잠시나마 여행을 하고 싶은 사람들과 힐링이 필요하신 분들에게 이 신비스러운 산속 식당, 북한산 '인수재'를 소개합니다.

제가 유튜브를 하며 다녀본 날들 중에서 손꼽을 만큼 행복한 순간을 선사해준 곳입니다.

#갈매기살맛집 #북한산 #출소간접경험

김사원's note

- 서울 한복판에서도 감동적인 여행을 할 수 있습니다.
- 주말에는 사람이 너무 많기에 평일에 가시길 추천! 연차가 절대 아깝지 않으실 겁니다.

※ 현재는 숲속에서 내려왔지만 여전히 맛있습니다. 노포를 추억하기 위해 과거의 사진과 내용으로 기록했습니다.

since 1998

말도 안 되는 가격에 고퀄리티 한우를 파는 집

지우정

| 한우 등심, 돼지고기 |

주소 서울시 강북구 삼각산로 130 1층
찾아 가기 가오리역 2번 출구에서 도보 5분 거리
운영 시간 월요일-토요일 10:30~22:00
주요 메뉴 및 가격 한우 생등심(한우 암소): 19,000원 / 돼지A(국내산 암퇘지): 9,000원 / 돼지B(국내산 암퇘지): 10,000원

한우가 타이어보다 싸다!?

큰길가에 위치해 있는 이곳은 설렁탕집 간판을 하고 있습니다. 그렇지만 이곳에서 설렁탕을 주문한 사람은 한 명도 보지 못했습니다. 가게는 꽤나 큰 편이어서 기다림 없이 입장할 수 있습니다. 여기는 한우 생등심과 돼지A, 돼지B라는 정체불명의 고기 메뉴, 단 3가지를 파는 집입니다. 심지어 등심은 한우 암소인데다가, 이 정도 그램 수를 이런 가격에 파는 집은 듣도 보도 못했습니다.

밑반찬도 백반집 못지않게 옹골차게 깔리는 데다 불은 숯불로 내어주시는데, 이 정도 가격의 고깃집이면 보통은 상차림비가 있습니다. 하지만 상차림비는커녕 구수한 된장찌개까지 기본으로 깔아주십니다.

벽면에 굽는 방법이 상세히 적혀 있습니다. 스테

스테이크 느낌으로다가
두툼하게 잘라내어
아주 바짝 구워 먹는 게
특징입니다.

이크 느낌으로다가 두툼하게 잘라내어 아주 바짝 구워 먹는 게 특징입니다. 고기의 퀄리티가 워낙 좋다 보니 촉촉하고 부드럽습니다. 이어서 돼지A, 돼지B도 주문해봅니다. 사장님께서 젊은 시절에 정형 작업을 하시면서 맛 좋은 부위를 연구하다가 직접 찾아낸 부위라고 하셨는데, 어디 부위인지는 절대로 안 알려주십니다. 영업 비밀이 거의 국정원급이라고 볼 수 있고요. 육즙이 팡팡 터지는 식감의 돼지A와 아삭하고 쫄깃한 식감의 돼지B 둘 다 다른 집에서는 쉽게 맛볼 수 없는 맛입니다.

이 집만의 특색이 확실하게 있는, 정말 맛있는 고깃집입니다.

#수유맛집 #한우등심베개급두께 #타다싶게구워야하는집

김사원's note

- 축복받은 비주얼의 두툼한 한우 등심! 미친 가성비 고깃집.
- 모든 종류의 고기를 다 먹어도 부담 없는 가격대의 집입니다.

since 1980

3대째 이어온 소곱창 로컬 맛집

황주집

| 곱창 |

주소 서울시 강북구 도봉로 372 단충
찾아 가기 수유역 1번 출구에서 도보 6분 거리
운영 시간 매일 12:00~23:40, 둘째 주 넷째 주 일요일 휴무
주요 메뉴 및 가격 순곱창 2인분: 42,000원 / 볶음밥: 2,000원

숟가락으로 곱을 퍼먹고 온 집은 처음!

대학생 시절, 수유에서 2년 넘게 아르바이트를 한 적이 있습니다. 그 시절부터 항상 가게 앞에 사람들이 줄 서 있는 광경을 자주 목격하곤 했는데요. 저에겐 추억의 동네이기도 한 수유에 다시 찾아온 이유. 그때는 먹어보지 못하고 늘 지나가기만 한 '황주집'을 이번엔 작정하고 찾아가보았습니다. 40년 넘게 3대째 이어오고 있는 엄청난 업력의 곱창집. 식당 내부가 아주 특이한데 가게 안쪽으로 깊숙이 들어가면 자그마한 방이 나옵니다. 알고 봤더니, 여기가 아주 오래전 어린 시절 사장님이 실제로 사셨던 집이라고 합니다.

식당 안 벽면은 실패 확률이 없는 훈민정음 벽지로다가 꾸며져 있는데요. 세종대왕 안방 인테리어가 따로 없습니다. 이 집의 대표 메뉴는 순곱창입니다. 다른 곱

이모님이 오셔서
불판 위에
김치와 양파를
올리시는 순간부터는
술을 따라놓으실 때가
된 겁니다.

창집에서는 대창이며 염통이며 다양한 부위를 맛보는 편인데 여기는 곱창 맛이 너무나도 좋아 순곱창으로만 먹습니다.

식당 입구에서 살짝 초벌을 해서 내어주시는데, 테이블에서 한참 더 익혀야 하긴 합니다. 이모님이 오셔서 불판 위에 김치와 양파를 올리시는 순간부터는 술을 따라놓으실 때가 된 겁니다. 곱창이 먹기 좋게 노릇노릇하게 다 구워져갈 때가 되면 곱이 넘치게 흘러나와 불판 한쪽에 쌓여 있는 것을 발견하실 수 있습니다. 이 고소한 곱을 숟가락으로 퍼 담아주시면서 잘 익은 곱창을 초장에 살짝 찍어주면 이게 바로 이 집의 시그니처입니다.

곱창이 몸에 좋지 않다는 이야기는 저도 알고 독자님들도 알고 모두가 알고 있습니다. 그렇지만 잠깐 눈감고 싶은 순간이 바로 지금입니다. 소주 한 잔을 들이켜고 숟가락에 쌓인 곱을 그대로 입안으로 직행시키면 천상의 고소함이 따로 없습니다.

소주 한잔을 들이켜고
숟가락에 쌓인 곱을
그대로 입안으로 직행시키면
천상의 고소함이 따로 없습니다.

지금부터는 곱창이 몸에 안 좋다고 말리셔도 소용없습니다. 팁을 드리자면 김치와 양파와 함께 먹어주면 양심의 가책을 조금은 덜 수 있습니다. 부추와 함께는 사실상 건강식품이라고 할 수 있습니다.

그리고 여기서도 마무리 볶음밥은 필수입니다. 볶음밥을 하실 때 의문의 흰 가루를 뿌려주시는데 사장님께 물어봐도 비법이라고 끝까지 안 알려주십니다. 혹시나 독자 분들 중에 이 흰가루가 뭔지 아시는 분이 계시다면 알려주시면 감사하겠습니다.

#곱창맛집 #수유맛집 #세종대왕안방

김사원's note

- 곱이 이렇게 많은 곱창집은 처음! 특히 볶음밥이 별미이니 2인분으로 주문하자.
- 곱창을 500g 단위로 파는 가성비가 아주 좋은 집입니다.

역대급 술맛 나는 분위기에서 펼쳐지는 이모님의 디너 쇼
즐거운술상

| 이모카세 |

주소 서울시 도봉구 노해로 341 117호 창동, 신원리베르텔
찾아 가기 창동역 2번 출구에서 도보 5분 거리
운영 시간 월요일-토요일 17:00~(예약 필수, 매주 일요일 휴무)
주요 메뉴 및 가격 이모카세 1인: 50,000원

이모 맘대로 내어주는 집!
숨 막히는 술안주 퍼레이드가 펼쳐지는 곳

창동역 인근에 위치한 간판 값 제대로 하는 집. 식당 이름은 '즐거운 술상'입니다. 이곳은 오픈형 주방과 ㄷ자 모양의 카운터 석으로 이루어져 있는 독특한 구조의 집인데요. 이 특별한 공간이 주는 매력이 술맛을 증폭시키는 데 너무나도 훌륭합니다.

여기는 인당 5만 원으로 다양한 한식과 제철 음식들이 퍼레이드처럼 나오는, 한국식 술 상차림의 끝판 왕을 볼 수 있는 집입니다. 우선 기본 찬부터 10가지가 넘습니다. 기본적으로 깔리는 양념장 등 모두 손수 만들어주시는데 하나같이 정성 가득한 메뉴들밖에 없습니다. 물론 이곳은 그때그때 날마다 다른 메뉴들이 나오는데 제철 해산물

한국식 술 상차림의
끝판 왕을 볼 수 있는 집입니다.
술맛 나는 집들을 많이 다녀봤지만
정말 강렬한 인상을 남긴 집입니다.

부터 수육, 전, 찜, 구이, 탕 등 음식의 스펙트럼이 굉장히 넓습니다. 그리고 마지막에는 국물 떡볶이와 비빔밥, 이 집의 시그니처인 샌드위치까지 최소 10가지 이상의 코스가 나오는 집이라고 보시면 됩니다.

술맛 나는 집들을 많이 다녀봤지만 정말 강렬한 인상을 남긴 집입니다. 괜히 한 번 다녀가면 단골이 될 수밖에 없는 집이 아닙니다.

#이모카세 #창동맛집 #인테리어최고

김사원's note

- 정겨운 공간에서 펼쳐지는 대장금 사장님의 디너 쇼!
- 100% 예약제 식당. 반드시 예약을 하고 가시기 바랍니다(참고로 사장님은 낮에는 경동 시장의 안동집을 운영하시고 저녁에는 이곳을 운영하시는 동일 분이십니다.).

많고 많은 해장국 집들 중에서 특출나려면 이 정도는 돼야

용마해장국

| 해장국 |

주소 서울시 중랑구 용마공원로5길 20 1층
찾아 가기 망우역 1번 출구에서 도보 15분
운영 시간 화요일-일요일 10:00~20:00
주요 메뉴 및 가격 해장국: 9,000원

서울을 대표하는 해장국 집

오직 단일 메뉴만 판매하는 곳. 이 문구 하나만으로도 일단 신뢰감이 상승합니다. 진정한 맛집은 요란하지가 않습니다.

여기는 중랑구 망우동에 위치한 '용마해장국'입니다. 무수히 많고 많은 해장국 집 중에서 과연 이 집은 무엇이 특별하길래 서울을 대표하는 해장국 집이라는 소리를 듣는 걸까!?

이제 한 그릇을 주문해봅니다. 뚝배기에 재료가 한가득 넘칠 듯이 나오는데요. 우거지와 선지 그리고 푸짐한 소 목뼈를 넣어주십니다. 우선 이곳은 빨간 국물이 아니고 맑은 국물이 특징인데 사우나급의 개운함은 기본입니다. 신년 목욕은 여기서 하시면 됩니다.

뼈에 붙은 살점들이 워낙 예쁘게 잘 떨어져서 뜯는 재미도 있습니다. 그리고 이 집의 밑반찬으로 나오는 고추장아찌가 별미 중의 별미입니다. 맑은

맑은 국물이 특징인데
사우나급의 개운함은
기본입니다.

국물과 너무나도 잘 어울리는 진한 양념 맛이 일품입니다. 밑반찬이지만 워낙 맛있어서 찾는 사람이 많아 별도로 5천 원에 판매까지 하고 있습니다. 한 가지 팁이 있다면 식사 중간쯤에 고추기름을 투하해 드셔보는 것을 추천드립니다. 아예 새로운 스타일의 감칠맛 오지는 해장국을 맛볼 수가 있습니다.

부드러운 선지, 야들야들하면서도 쫄깃한 살점 많은 소 목뼈, 개운하면서 감칠맛 나는 국물, 여기에 일품 고추장아찌까지. 이보다 완벽한 하모니를 이루는 해장국은 둘도 없다고 봅니다.

#망우역맛집 #고기가매우쫄깃함 #방송에정말많이나온집

김사원's note

- 단일 메뉴 하나만으로 서울을 평정. 진정한 맛집은 요란하지 않습니다.
- 먹다가 청양고추와 후추 그리고 고추기름을 꼭 넣어서 먹어보자. 한 뚝배기에서 색다른 매력을 가진 두 종류의 해장국을 느낄 수 있다.

산소호흡기가 필요한 숨 막히는 횟집

한국횟집

| 회 코스 |

주소 서울시 중랑구 중랑역로 34 1층
찾아 가기 중랑역 2번 출구에서 도보 3분 거리
운영 시간 월요일-금요일 15:30~23:30, 토요일-일요일 13:30~23:30
주요 메뉴 및 가격 오마카세 1인: 50,000 원

반드시 굶고 가야 하는 집

"진짜로 거짓말 아니고 역대급 미친 횟집". 제가 이 집을 유튜브에 소개했을 때 타이틀 그대로입니다. 제 채널에 맛집 소개를 올리면 보통은 1주에서 길게는 한 달 정도까지 인기가 있는 편이고, 그 이후로는 식당이 원래의 모습으로 회귀합니다. 그러나 여기는 1년이 훌쩍 넘어도 여전히 인기 폭발 중으로 인터넷 후기를 보면 수많은 극찬을 확인할 수 있습니다. 입장하기 전 식당 앞 깨끗한 수조만 봐도 사장님이 얼마나 정성 들여 운영하시는지 알 수 있습니다.

이곳은 그야말로 인기 절정의 횟집이기 때문에 반드시 미리 예약을 하고 방문하셔야 합니다. 다양한 메뉴가 있지만 인당 5만 원의 오마카세 메뉴가 이 집의 대표 메뉴입니다.

횟감 한 점 한 점의
단면에서 찰지는
감칠맛이 올라옵니다.

기본 세팅으로 새우와 묵은지 그리고 전복죽이 나옵니다. 이어서 전복찜과 미니 카이센동이 나옵니다. 여기에는 관자구이와 참다랑어 대뱃살, 그 위로 우니와 연어알까지 있어 아주 호화스럽습니다. 이어서 두툼한 메로구이가 감태와 함께 나옵니다. 그리고 트러플 오일 향이 그득한 계란찜과 뜨끈한 미역국도 나오고요. 이어서 쫀득한 살점의 도다리구이가 나오면서, 짭조름한 명란 마요네즈구이와 튼실한 고등어구이가 나옵니다.
잠시 심호흡 좀 하겠습니다.
글로 쓰는데도 숨이 가빠져오는데, 실제로는 안주와 함께 술을 안 마실 수가 없기 때문에 진짜로 숨도 못 쉽니다. 이어서 회가 나옵니다. 방어가 나올 때도 있고 참돔이 나올 때가 있고 벤자리돔이 나올 때도 있고 그때그때 제철에 맞는 회를 내어주십니다.

항상 느끼지만 이 집의 회는 칼 맛이 예술입니다. 횟감 한 점 한 점의 단면에서 찰지는 감칠맛이 올라옵니다. 여기에 초밥이 나옵니다. 솔직히 저는 처음에 이 집의 초밥 맛을 보고 많이 놀랐습니다. 밥도 밥이지만 횟감이 워낙 찰지다 보니, 초밥 맛도 압도적일 수 있구나를 느꼈습니다. 이어서 튀김이 나옵니다. 새우튀김과 오징어튀김은 둘째치고 장어를 통째로 튀겨주시는 집은 처음 봅니다. 게다가 튀김옷의 모양새만 봐도 덴뿌라를 전문적으로 하신 게 아닐까 싶을 정도로 정말 범상치 않습니다.

이어서 미나리가 들어간 얼큰한 매운탕이 나옵니다. 여기까지 오셨으면 정신 못 차린 상태가 되는 게 맞습니다. 매운탕에는 라면 사리나 수제비를 넣을 수 있는데요. 이것까지 먹으면 끝이라는 생각이 드시겠지만, 결코 끝이 아닙니다.

더 있지만 숨이 너무 차 여기까지만 하겠습니다. 직접 확인해보시는 걸 강력히 추천드립니다.

마지막 한마디, 유튜브에서 지난 4년여간 식당 소개를 연재해오면서, 개인적으로 여기가 가장 역대급 식당이라고 생각합니다.

#역대급횟집 #중랑역맛집 #식당안에김사원사인있음

김사원's note

- 사장님 만수무강하세요.
- 요즘은 두 달 전부터 예약이 꽉 찼다는 소문이 있습니다. 예약 필수인 곳으로 미리미리 예약해두시길⋯.

여기서
끝날 줄 알았지?

번외 VER1. 지방 편

대전

광천식당
다리위오징어
태평소국밥

야심 찬 대전 여행 계획을 무산시킨 집

광천식당

| 두부두루치기 |

주소 대전시 중구 대종로505번길 29
찾아 가기 대전 중앙로역 6번 출구에서 도보4분 거리
운영 시간 화요일-일요일 10:30~21:30
주요 메뉴 및 가격 수육 소: 22,000원 / 두부두루치기 2인분: 16,000원 /
　　　　　　　　칼국수: 7,000원

대낮부터 줄 서는 손님 미어터지는 노포!

대전은 여러분이 잘 아시는 성심당뿐만 아니라 두부두루치기로도 유명한 도시이기도 합니다. 상당히 오래된 집들이 몇 군데 있는데, 그중에서도 여기는 화끈한 매운맛이 특징인 '광천식당'입니다.

착석을 하자마자 육수 국물과 함께 상차림이 펼쳐집니다. 우선 두부두루치기를 주문해봤는데요. 강렬한 양념 색깔을 쳐다만 봐도 땀이 흐를 지경입니다. 꽤나 얼얼한 정도로 매운 수준인데, 중독적인 개운함 덕분에 손이 계속 가는 맛입니다. 그치만 매운 거를 아예 못 드시는 분들은 조심하시고요. 먹다가 중간에 면 사리를 추가합니다. 여기에 양념을 얹어 비벼 먹어주면 별미가 따로 없습니다. 오직 대전에서만 맛볼 수 있는 독보적인 맛이라고 볼 수 있고요.

강렬한 양념 색깔을 쳐다만 봐도
땀이 흐를 지경입니다.
꽤나 얼얼한 정도로
매운 수준인데,
중독적인 개운함 덕분에
손이 계속 가는 맛입니다.

이어서 막걸리 추가와 함께 수육을 주문해봅니다. 꽃처럼 펼쳐진 플레이팅부터가 예술인데요. 앞다리 살을 쓰셨는지 흡사 윤기 넘치는 족발과도 같은 야들야들한 비주얼입니다. 수육의 담백함과 족발의 쫀득함을 동시에 느낄 수 있고요. 살코기와 비계 부분의 비율이 조화롭게 이루어져 맛이 아주 좋습니다.

사실 이곳은 대전 여행의 첫 번째 코스였는데요. 이 집에서 막걸리를 무지막지하게 들이켜는 바람에 다음 계획은 전면 취소되었습니다.

#대전맛집 #3대두루치기맛집 #선화동맛집

김사원's note

- 인생은 계획대로 되는 게 없다는 교훈을 알려준 집.
- 광천식당, 별난집, 진로집. 대전의 3대 두부두루치기 집!

정말 임팩트 있게 장사하는 횟집
다리위오징어

| 숭어회, 산오징어통찜 |

주소 대전시 중구 보문로 21
찾아 가기 신흥역에 내려서 택시 타고 가기
운영 시간 화요일-토요일 15:00~24:00, 일요일 15:00~23:00
주요 메뉴 및 가격 숭어회: 40,000원 / 산오징어회: 싯가

회를 산더미로 쌓아서 주는 집!?

근처에 문창교라는 다리가 있습니다. 오래전에 다리 위에서 장사를 시작하셔서 식당 이름이 '다리위오징어'가 되었다고 하시는데, 굉장한 역사를 자랑하는 집이기도 합니다.

이곳은 몇 개 없는 메뉴로 정말 임팩트 있게 장사하는 집인데요. 산오징어통찜과 숭어회가 대표 메뉴인데, 숭어회를 전문으로 하는 집은 여기가 처음입니다. 개인적으로 숭어회를 그리 선호하는 편은 아닙니다만, 제철 숭어회는 정말로다가 기름지고 훌륭한 맛을 내는 생선이라는 것을 이 집에서 깨달았습니다.

함께 나오는 채소무침과 지방이 묵직하게 차오른 제철 참숭어회를 한 입 곁들여 먹어주면 그냥 미쳐버린 맛입니다. 듬뿍 뿌려주신 깨소금도 고

제철 숭어회는 정말로다가
기름지고 훌륭한
맛을 내는 생선임을
이 집에서 깨달았습니다.

소함을 한층 더 해줍니다. 회의 양이 어찌나 많은지 젓가락질을 잠시도 쉬지 않고 오지게 해도 줄어들지가 않습니다. 쌓아올린 비주얼이 거의 참숭어 무덤이라고 보시면 되고요.

이어서 산오징어통찜이 나왔는데요. 내장이 녹진하게 흘러내리는 감동적인 맛. 참으로 잘 삶아내셨습니다. 오징어 한 점에 소주도 같이 녹아버린다고 보시면 되고요.

술맛 나는 분위기, 옹골찬 밑반찬, 푸짐한 양. 3박자가 리드미컬하게 들어맞는 집. 적지 않은 세월 동안 이 집 술맛에 감동받고 가는 사람들이 얼마나 많았을까 싶습니다.

#대전맛집 #산더미횟집 #문창동맛집

김사원's note

- 관광객들의 발길이 닿지 않은 찐 로컬 맛집!
- 4월은 오징어 금어기이다 보니, 맛있는 산오징어통찜을 먹으려면 4월 달은 피해서 가자!

역대급 혜자! 소고기를 징하게 많이 주는 국밥집
태평소국밥

| 소국밥 |

주소 대전시 유성구 온천동로65번길 50
찾아 가기 지점이 많으니 검색해서 가기
운영 시간 매일 24시간
주요 메뉴 및 가격 소국밥: 9,000원 / 소내장탕: 9,000원 /
한우 육사시미: 12,000원

전국구 맛집!
전국에서 몰려오는 대전 최강의 국밥집

대전에 전국구 수준의 정말 유명한 국밥집이 있는데요. 여기는 방문자 후기만 자그마치 만 개에 육박하는 '태평소국밥'입니다.

이 집에는 메뉴들이 많지만, 그중 대표 메뉴인 소국밥을 주문해봅니다. 숟가락을 넣어보니 퍼 올리는 숟가락이 무거울 정도로 엄청나게 고기가 많이 들어 있습니다. 소고기뭇국 스타일의 국밥으로 느끼함이나 잡내가 일절 없는 깔끔한 맛입니다. 과연 호불호가 있을까 싶을 정도로 맛을 논할 필요가 없는 그냥 맛있는 집입니다.

한우 육사시미 또한 상당히 유명합니다. 신선한 고기가 가지런히 나오는데 가격을 보시면 놀랄 노 자의 미친 가성비입니다. 씹는 맛이 촉촉하면

소고기뭇국
스타일의 국밥으로
느끼함이나 잡내가
일절 없는
깔끔한 맛입니다.

참기름을 살짝 찍어
입안으로 투하하면
살살 녹는 기분을
만끽하실 수 있을 겁니다.

서도 부드러운 식감. 참기름을 살짝 찍어 입안으로 투하하면 살살 녹는 기분을 만끽하실 수 있을 겁니다. 지금이 아침이고 새벽이고 술을 참을 수 없는 맛이라고 보시면 됩니다.

이제는 엑스포보다 명물이 되어버린 대전의 맛집, '태평소국밥'입니다.

#대전맛집 #줄서서먹는집 #국밥부장관

김사원's note

- 대전의 명물! 방문자 리뷰, 블로그 리뷰 수만 봐도 전국구 클라스 국밥집.
- 이 집의 매니아층들은 소국밥보다 소내장탕을 주문한다고 합니다.

번외 VER1. 지방 편

부산

로타리양곱창센타
새총횟집
왔다식당

이것이야말로 부산 풀코스의 정수
로타리양곱창센타

| 양곱창 |

주소 부산시 연제구 반송로 13-7
찾아 가기 연산역 16번 출구에서 도보 2분 거리
운영 시간 매일 16:00~02:00, 첫째 주 셋째 주 일요일 휴무
주요 메뉴 및 가격 소창+대창+특양 600g: 49,000원 / 우삼겹 500g: 35,000원
(반 판은 18,000원)

오직 부산에서만 맛볼 수 있는 이모카세의 근본

저는 해외여행도 좋지만 대한민국 여행이 더 좋습니다. 우리나라에 아직도 못 가본 도시들이 넘쳐나기에 새로운 경험을 할 수 있는 기회가 남았다는 게 마냥 좋습니다.

제가 여수 다음으로 가장 많이 가본 도시는 아마도 부산일 겁니다. 부산은 맛집, 바다, 다양한 볼거리 등이 꽉 차 있는 여행의 성지라고 할 수 있습니다. 이번에 찾아갈 맛집은 전국 어디에서도 볼 수 없는 독보적인 스타일의 식당 '로타리양곱창센타'. 제법 특이하게 운영되고 있는 식당인데요. 하나의 가게를 대략 10개의 구역으로 나누어 각 구역별로 다른 이모님들이 운영하고 계십니다.

참고로 기본적인 세팅과 메인은 큰 차이는 없지만, 각각의 이모님들마다 필살기가 다릅니다. 어

특제 마늘 소스에
버무려져 나와
그냥 먹어도 맛있지만,
각종 소스들과 밀반찬들과
함께 먹어주면
술맛이 기가 막힙니다.

떤 이모님은 케일주스를 내어주시고(다른 걸 마지막에 내어주시는 분들도 있고요), 어떤 이모님은 매콤 소스(소스도 이모님마다 조금씩 다르다고 하시네요)를 내어주시고, 어떤 이모님은 마지막에 라면을 내어주시기도 합니다. 저는 사전 조사 없이 가장 한가해 보이시는 이모님 앞에 앉아봤고요.

본격적으로 시작하기에 앞서 상차림이 아주 거하게 깔립니다. 각종 김치류부터 맛깔나 보이는 반찬과 양념장들, 그리고 쌈채소가 푸짐하게 깔립니다.

이어서 자리 앞에 놓여진 불판 위에서 양곱창을 구워주시는데요. 독특한 점은 테이블 석에서 이모님이 마주 앉아 양곱창이 맛있게 다 익을 때까지 모든 과정들을 집도해주신다는 겁니다. 마치 오마카세 특급 서비스를 방불케 하는 이모카세의 현장이라고 볼 수 있습니다.

이모님의 현란한 가위질이 끝나갈 무렵, 이제 잘 익은 양곱창을 맛있게 집어 먹기만 하면 됩니다. 특제 마늘 소스에 버무려져 나와 그냥 먹어도 맛있

지만, 각종 소스들과 밑반찬들과 함께 먹어주면 술맛이 기가 막힙니다.

이어서 우삼겹도 반 판 주문해봅니다. 당귀잎과 함께 파김치를 우삼겹 안으로 말아 넣어주시는데 정말 맛있습니다. 처음엔 한두 점 만들어주고 마시겠지 싶었지만, 모든 고기들을 아주 정성스럽게 먹기 좋게 만들어주시는 모습에 감동받을 수밖에 없습니다.

마지막 코스! 케일 주스를 내어주십니다. 요구르트와 함께 갈아서 상큼한 맛이 올라오고 느끼함이 싸악 씻겨버리는 맛이었습니다.

부산만의 정감 가고 독보적인 분위기는 물론이고 맛 또한 훌륭했던 집. 많은 사람들이 부산 여행 중 최고로 꼽는 데에는 그만한 이유가 있다고 봅니다.

진정한 '부산 풀코스'는 바로 연산동에 있습니다.

#부산맛집 #부산양곱창 #부산풀코스

김사원's note

- 독보적인 분위기. 술맛이 안 좋을 수가 없습니다.
- 각 이모님들마다 필살기 메뉴가 다 다릅니다(주먹밥, 김말이밥, 라면, 케일주스 등).

부산에서 정평이 난 고퀄리티 자연산 전문 횟집

새총횟집

| 회 |

주소 부산시 해운대구 반여로155길 25
찾아 가기 반여농산물시장역에서 택시 타고 가기
운영 시간 월요일-일요일 14:00~22:00, 첫째 주 셋째 주 일요일 휴무
주요 메뉴 및 가격 고급어종 1인: 30,000~50,000원

횟집계의 에르메스

식당 이름이 새총횟집인 이유는 사장님이 새총을 잘 쏘셔서 입니다(실제로 SBS 〈생활의 달인〉에 새총의 달인으로 출연하셨습니다).

이곳은 자연산 횟감을 전문으로 하는 곳으로 이시가리, 노랑가오리, 능성어를 비롯해 평소에 접하지 못하는 다양한 고급 어종들을 먹을 수가 있습니다. 우선 밑반찬은 10여 가지 정도가 깔리는데 상당히 푸짐하고 좋습니다. 그중 미역국은 어찌나 진하고 깊은지, 한 입 떠먹는 순간 무조건 그날이 생일입니다. 생일 축하드리고요.

곧이어 회가 나옵니다. 플레이팅이 정말 예술입니다. 이 집 회는 썰어낸 모양별로 전혀 다른 맛이 납니다. 공통점이 있다면 하나같이 참으로 쫀득쫀득하면서도 찰진 식감을 냅니다. 그동안 여기저기서 회를 많이 먹어봤다고 생

각했는데, 이 집 회는 확실히 다릅니다. 차별화가 확실한 집이라고 볼 수 있고요.

마무리로 탕까지 내어주시는데 맑은 지리탕과 칼칼한 매운탕 중 고르실 수 있습니다. 매운탕 또한 살점이 상당히 푸짐한데, 뼈를 넣고 끓인 게 아니라 생선을 통으로 넣었다고 봐도 무방합니다.

반찬들을 비롯해 음식들이 전반적으로 간이 조금 센 편인데, 아마도 소주를 적시라는 의도가 아닐까 싶습니다. 많고 많은 부산 횟집들 중에서도 상당히 인상 깊었던 횟집이었습니다.

#부산맛집 #명품횟집 #오지게짠득

김사원's note

- 실제로 제가 간 날 사장님이 에르메스 벨트를 하고 몽클레어 반팔티를 입고 회를 썰고 계셨는데, 이것만으로도 장사가 잘되는 집이라는 걸 느낄 수 있는 대목이었습니다.
- 예약을 하고 가시는 게 좋고, 예약 시에 생선 어종을 물어보시면 알려주십니다.

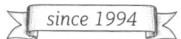

해장과 만취를 동시에 책임지는 집

왔다식당

| 스지된장전골, 스지맑은전골 |

주소 부산시 영도구 하나길 811
찾아 가기 택시 타고 가기
운영 시간 월요일-토요일 08:30~15:00
주요 메뉴 및 가격 스지된장전골 1인분: 14,000원 / 스지맑은전골 1인분: 14,000원

늦게 가면 못 먹는 스지된장전골

부산의 유명 관광지 중 하나인 태종대가 있는 영도구는 오래된 식당들과 예스러운 모습이 많이 남아 있는 지역입니다. 특히 흰여울 문화마을을 따라 걷는 바다의 풍경이 참 멋져서 부산을 갈 때마다 즐겨 찾는 동네인데요. 이번에 찾아갈 식당은 부산 영도구에 위치한 '왔다식당'이라는 집입니다.

이곳은 약 30년의 업력을 지닌 한우스지전골을 전문으로 하는 식당인데요. 3시면 문을 닫아서 늦게 가면 못 먹는 집입니다. 메뉴는 스지된장전골, 스지김치전골, 스지맑은전골이 있는데 이 중 가장 인기 있는 메뉴는 단연코 스지된장전골입니다. 주문을 하면 밑반찬 8종이 깔립니다. 푸짐한 기본 찬에서부터 정갈함과 인심이 느껴집니다.

이어서 나온 전골에는 한우 스지가 굉장히 많이 들어가 있습니다. 사실 된장찌개에 스지를 접목시킨 메뉴는 이 집에서 처음 봤는데, 사장님께서 직

접 개발하셨다고 합니다. 잘 익은 스지 한 점을 같이 나온 소스에 찍어 먹어 봅니다. 스지의 쫀득함에서 오는 식감이 구수하면서 얼큰한 된장과 어우러져 너무나도 좋습니다. 한우만 사용한다고 하시는데 양과 퀄리티를 생각하면 가성비가 정말 훌륭합니다. 전골의 국물은 된장 베이스이지만 얼큰하면서 개운합니다. 국물은 졸일수록 진국이 되어가는데 밥이랑 먹기에 딱 좋습니다.

부산 여행 중에 이 집을 들르셨다면 아마도 낮술을 피할 수가 없을 텐데, 낮술이 또 여행의 묘미 아니겠습니까. 대낮부터 기분 좋은 여행을 시작하게 하는 여기는 부산 영도구의 '왔다식당'입니다.

#부산맛집 #한우스지맛집 #낮술은피할수없는집

김사원's note

- 여행은 낮술이 진리입니다. 그런 의미에서 아점으로 들르기에 너무나 훌륭한 집.
- 영도는 지하철이 없어 대중교통으로 가기에는 조금 불편합니다. 택시를 추천드립니다.

번외 VER1. 지방 편

여
수

동서식당
로타리식당
주연참숯갈비
한꾼에88

백반에 소주, 아재로 가는 길의 시작

동서식당

| 서대회무침 |

주소 전라남도 여수시 장군산길 71
찾아 가기 여수역에서 택시 타고 가기
운영 시간 매일 11:10~20:00
주요 메뉴 및 가격 서대회 1인 : 13,000원

파블로프의 김사원,
나도 모르게 침이 고이는 서대회무침

어딜 가도 밑반찬이 최소 10개는 깔리고 시작하는 동네, 전국 최고의 식도락 여행지 1위인 이곳은 바로 전라남도 여수입니다.

첫 번째로 소개해볼 여수의 식당은 '동서식당'입니다. 저랑 전혀 관련 없는 집인데도 간판 이름에서 어딘가 가족인 것 같은 느낌이 들고요. 이곳은 서대회가 유명한 동네 로컬 맛집입니다. 아니나 다를까 주문하자마자 한 상 거하게 나오는데요. 백반 성지인 동네답게 밑반찬이 기본 10종 이상 나옵니다.  밥도둑 놈들뿐이라고 볼 수 있고요. 여기에다 시원한 된장국까지 나오는데, 가성비 최고입니다.

이제, 매콤새콤한 양념이 된 서대회무침을 공기

백반의 성지인 동네답게
밑반찬이 기본
10종 이상 나옵니다.
밥도둑 놈들뿐이라고
볼 수 있고요.

대접에 듬뿍 담아 야무지게 비벼봅니다. 참고로 서대회는 뼈의 식감이 느껴지는 생선회인데, 거슬릴 일은 일절 없습니다. 양념이 워낙 맛깔나서 먹으면서도 침이 고이는 느낌입니다.

백반에다 소주 한잔은 더할 나위가 없습니다. 진정한 아재로 가는 길의 시작이라고 보시면 됩니다.

#서대회맛집 #백반맛집 #낮술은기본

김사원's note

- 다 죽어가는 입맛도 기어코 인공호흡해서 살려내는 집.
- 여수 3대장 밑반찬 꼬막, 게장, 갓김치는 기본으로 나옵니다.

밥도둑 현상수배범 정모 현장!

로타리식당

| 백반 |

주소 전라남도 여수시 서교3길 2-1
찾아 가기 택시 타고 가기
운영 시간 매일 08:00~20:00
주요 메뉴 및 가격 백반: 12,000원

여수 백반집의 전설

초록색 간판부터 외관이 멋스럽습니다. 이 집은 백반 하나 단일 메뉴입니다. 백반 전문점이라고 볼 수 있고요.

인원수에 맞게 주문한 후, 정겨운 쟁반 위로 빼곡히 담긴 백반 한 상이 나옵니다. 구성 하나하나가 어찌나 정성스러운지 시골집스러운 분위기인데도 음식은 아주 정갈하고 깔끔합니다. 이곳은 간장돌게장과 양념돌게장을 동시에 즐길 수 있을 뿐만 아니라, 통으로 나온 달콤한 제육고기에 꽃게된장국까지 나옵니다. 도대체 에이스 반찬이 몇 개인지 모르겠습니다. 메추리알조림과 양념 진한 갓김치 또한 너무나도 좋습니다.

무엇보다 저한테 백반집에서 가장 중요한 게 무엇이냐고 물어본다면 바로 밥입니다. 백반집은

구성 하나하나가 어찌나 정성스러운지
시골집스러운 분위기인데도
음식은 아주 정갈하고 깔끔합니다.

회전율이 워낙 좋아서 항상 갓 지은 밥을 먹을 수가 있는데, 여기는 밥맛이 일품이어서 밥에다 그냥 김치만 올려 먹어도 한 그릇을 뚝딱 비울 수 있습니다.

여수에서 백반의 정수를 느끼고 온 집. 집 근처에 있었으면 엄마 밥보다 자주 먹었을 겁니다.

#백반맛집 #밥도둑집결 #게장백반

김사원's note

- 반찬 하나당 밥 한 숟갈씩만 먹어도 두 그릇을 비울 수 있습니다.
- 모든 반찬이 리필!? 게장뿐만 아니라 메인 메뉴 같은 제육도 리필이 가능합니다.

노부부가 운영하시는 수준 높은 고깃집
주연참숯갈비

| 항정살 |

주소 전라남도 여수시 신기남4길 10
찾아 가기 여천역에서 택시 타고 가기
운영 시간 매일 16:30~21:00, 첫째 주 일요일 휴무
주요 메뉴 및 가격 항정살 180g: 14,000원 / 생갈비 200g: 12,000원

항정살을 통으로!? 찐 항정살을 내어주는 집

이곳은 여수 친구가 소개해준 신기동에 위치한 고깃집입니다. 리얼 로컬 맛집이라고 보시면 되는 게 들어가시면 동네 주민분들로 가득 차 있습니다. 기본적으로 반찬은 10여 가지 정도가 깔리는데, 이 중 여수 산지에서 바로 뽑아다 무쳐버린 갓김치는 의심의 여지가 없습니다.

이제 항정살을 주문해봅니다. 항정살이 통으로 나오는데 압도적인 비주얼입니다. 그냥 육안으로 원육을 보기만 해도 엄청난 퀄리티가 느껴지는데다, 잘 관리된 참숯을 써서 불 또한 아주 훌륭합니다. 불이 어찌나 강력한지, 항정살의 겉 부분은 크리스피하면서 안쪽의 살은 촉촉 쫀득한 식감을 자랑합니다.

동네에 흔히 있는 고깃집 중에 하나라고 생각하시면 오산을 넘어 육산입니다. 고기의 원육, 불의

불이 어찌나 강력한지, 항정살의 겉 부분은 크리스피하면서 안쪽의 살은 촉촉 쫀득한 식감을 자랑합니다.

퀄리티, 밑반찬 라인업 뭐 하나 빠질 게 없는 수준 높은 진정한 로컬 맛집입니다.

#항정살맛집 #여수맛집 #진짜로컬맛집

김사원's note

- 재야에 숨어 있는 노부부의 수준 높은 고깃집.
- 불이 정말 세기 때문에 통항정살은 하나씩 구우셔야 합니다.

관광객 맛집이 이 정도라고!?

한꾼에88

| 매운 돼지갈비찜 |

주소　전라남도 여수시 충무연등천길 2
찾아 가기　여수 서시장 포차 거리에 있음
운영 시간　매일 16:00~24:00
주요 메뉴 및 가격　매운 돼지갈비찜, 돼지갈비구이 소, 중, 대 : 40,000원, 50,000원, 60,000원

비주얼 압권의 갈비찜 타워!

여수에서 가장 핫한 식당 중 하나라고 볼 수 있는 이곳은 '한꾼에88'이라는 집입니다. 이게 실내인지 길바닥인지 구분이 안 가는 중간즈음에 자리하고 있다고 보시면 되고요. 아무튼 술맛은 끝내주는 분위기입니다.

이곳의 대표 메뉴 매운 돼지갈비찜을 주문해봅니다. 밑반찬은 계란부침부터 꼬막, 맛깔난 반찬들로 옹골차게 깔립니다. 여수에 왔는데 밑반찬이 허술하다!? 있을 수 없는 일이니 의심하지 마시고요.

드디어 매운 돼지갈비찜이 뚝배기 위로 차고 넘치는 용암 같은 비주얼로 등장합니다. 소스의 윤기가 좔좔 흐르는 게 압권입니다. 양념은 지코바 숯불바베큐 맛이 연상되는 달짝지근한 맛인데 먹다 보면 생각보다 꽤 매콤합니다. 밑반찬으로 나온 계란부침과 함께 먹으면은 소주 안주로 찰떡입니다.

개인적으로는 소갈비찜보다 돼지갈비찜을 더 좋아합니다. 가격도 저렴한

달짝지근한 맛인데 먹다 보면
생각보다 꽤 매콤합니다.
밑반찬으로 나온
계란부침과 함께 먹으면은
소주 안주로 찰떡입니다.

데다 고기의 씹는 맛을 한층 더 느낄 수 있고요. 탄력 있는 육질과 함께 뼈에 붙은 쫀득한 살점이 너무나도 좋습니다.

하지만 지금이라도 누군가가 소갈비 먹을래, 돼지갈비 먹을래 묻는다면 저는 조금도 망설이지 않고 소갈비를 먹겠습니다. 가성비 김사원이지만 확실히 비싼 맛이 좋은 건 어쩔 수 없습니다.

#돼지갈비찜맛집 #비주얼압권 #낭만분위기

김사원's note

- 아직까지 비슷한 집조차 안 나오는 독보적인 메뉴!
- 손님들의 99%가 매운 돼지갈비찜을 주문하는데, 단골들은 돼지갈비구이를 시킨다고 합니다(사장님 피셜).

유튜브에 소개하지 않은 김사원의 단골 맛집

번외 VER2. secret place

두리식당
모아식품
코야키친
하루스시

여대생은 일절 본 적 없는 여대 앞 식당

두리식당

| 백반 |

주소 서울시 용산구 청파로 273
찾아 가기 숙대입구역 8번 출구에서 도보 5분 거리
운영 시간 월요일-금요일 11:30~21:30
주요 메뉴 및 가격 된장찌개: 6,000원 / 김치찌개: 7,000원 / 제육볶음밥: 8,000원 / 삼겹살: 10,000원

된장찌개 하나만 시켰을 뿐인데 반찬이 15개나?

눈에 띄는 초록색 간판이 맞이하는 집. 여기는 여대 앞에 위치한 집이지만, 여대생은커녕 아재들만 목격했던 집입니다.

거의 김밥천국에 버금가는 수준으로 메뉴의 가짓수가 준비되어 있는데 그 중 제육볶음밥, 동태찌개, 김치찌개, 된장찌개 그리고 삼겹살을 먹어봤습니다. 푸짐한 할머니 밥상이 그리워 자주 찾았던 집입니다.

이 집은 식사 메뉴 단 하나만 주문해도, 반찬이 기본으로 15개 이상 깔린다고 보시면 됩니다. 날마다 반찬이 조금씩 바뀌지만 먹을거리가 어찌나 푸짐한지 매번 반찬이 남아서 두 그릇은 기본으로 먹게 되는 집입니다.

그리고 기회가 되시면 이 집의 삼겹살을 꼭 드셔보시기 바랍니다. 이런 백반집에서 삼겹살은 반찬도 다양하고 나름의 매력이 있기에, 어지간한 고깃집 삼겹살보다 만족스러우실 겁니다.

이런 백반집에서 삼겹살은
반찬도 다양하고
나름의 매력이 있기에,
어지간한 고깃집 삼겹살보다
만족스러우실 겁니다.

든든함은 두말할 것도 없고 맛도 너무나도 훌륭한 백반집. 먹고 나오면 미안함이 들 정도로 과분하게 잘 나오는 집입니다.

#숙대맛집 #푸짐한백반집 #반찬많은집

김사원's note

- 할머니 집에 온 듯한 푸짐하고 정감 가는 백반집.
- 노부부 사장님께서 운영하고 계셔서 놀라실까 봐 유튜브에는 차마 올리지 않은 집이었지만 이미 유튜브에 많이 올라온 집.

차마 알려주고 싶지 않은 최고의 을지로 가맥집

모아식품

| 소고기 등심, 차돌박이, 삼겹살 |

주소 서울시 중구 마른내로 61-6 1층
찾아 가기 을지로3가역 8번 출구에서 도보 6분 거리
운영 시간 월요일-금요일 17:30~24:00, 토요일 13:00~01:00
주요 메뉴 및 가격 등심 600g: 43,000원 / 차돌박이 600g: 43,000원 / 삼겹살 600g: 42,000원

과장 1도 안 하고 10번도 넘게 다녀간 집

이곳은 제가 정말정말 애정하는 가맥집입니다. 후미진 골목 안에 꽁꽁 숨어 있는, 알고 가야지만 겨우 찾아갈 수 있는 위치에 있습니다.

이곳은 가맥집치고 술안주들의 퀄리티가 상당히 좋습니다. 이 집의 주력 메뉴는 소고기 등심과 차돌박이 그리고 삼겹살입니다. 고기를 주문하면 버섯, 파절이, 파김치, 물김치, 장조림 등 밑반찬들이 꽤나 근본 있게 깔립니다. 무엇보다 분위기가 대박인 게 야장에서 먹으면 은은한 조명을 올려주시는데 낭만이 기가 막힙니다. 술이 절로 들어간다고 볼 수 있고요.

뿐만 아니라 친절하신 사장님 덕에 언제나 기분 좋게 먹고 나오는 집. 사실 몇 번을 갔는지도 기억나지 않을 정도로 정말 많이 갔던 집입니다.

야장에서 먹으면
은은한 조명을 올려주시는데
낭만이 기가 막힙니다.
술이 절로 들어간다고
볼 수 있고요.

#을지로맛집 #가맥집 #눈내리는날강추

김사원's note

- 낮술로도 좋고, 저녁에 1차로 가도 좋고, 밤에 2차로 가도 좋고 막차로 가도 언제나 만족스러운 가맥집.
- 소고기 등심과 차돌박이 반반도 주문 가능합니다. 그리고 야장 자리는 미리 예약을 하고 가시는 게 좋습니다.

도미회가 이렇게나 맛있다고!? 요리 초고수 사장님의 술집

코야키친

| 도미회 |

주소 서울시 금천구 시흥대로 399 118
찾아 가기 독산역 1번 출구에서 도보 15분 거리
운영 시간 월요일-토요일 18:00~23:00, 격주 월요일 휴무
주요 메뉴 및 가격 1인: 30,000원

극한의 가성비가 내려오는 미친 이자카야

여기는 사장님이 혼자 운영하셔서 유튜브 소개는 정중히 말리셨던 집인데 충분히 이해가 갈 만합니다. 이미 단골들로 늘 만석이어서 예약 없이는 못 가는 집이기 때문이죠.

이곳은 상가 1층의 구석진 곳에 위치한 '코야키친'이라는 집입니다. 방문하기 몇 주 전부터 사장님께 문자로 예약을 하고 찾아갔던 집이고요.

밑반찬부터 반찬의 수준을 넘어서, 먹고 온 요리의 종류만 해도 거의 10가지에 육박한다고 볼 수 있는데, 하나하나가 모두 예술의 경지입니다. 과음을 할 수밖에 없는 구성으로 나오기 때문에 단단히 각오하고 가시는 게 좋습니다. 특히나 이 집의 주특기는 도미회로, 숙성을 기가 막히게 잘하십니다. 사실상 도미회 전문점이라고 봐도 될 정도이고요.

서울 내에 있는 이자카야 중 무조건 세 손가락 안에 꼽히는 집. 가히 독산동

이 집의 주특기는 도미회인데 숙성을 기가 막히게 잘하십니다. 사실상 도미회 전문점이라고 봐도 될 정도이고요.

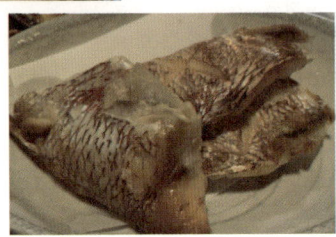

의 축복이라고 봅니다.

#금천구맛집 #극한의가성비 #독산동의축복

김사원's note

- 단 한 번도 맨 정신으로 나와본 적이 없는 술안주가 미쳐버린 이자카야.
- 사장님께 최소 2주 전에 문자로 예약해야 겨우 먹을 수 있는 인기 절정의 식당입니다.

오지게 찾아가기 힘든 가성비 쩌는 일식당

하루스시

| 오마카세 |

주소 서울시 서초구 강남대로 455 강남태영데시앙루브
찾아 가기 신논현역 7번 출구에서 도보 1분 거리
운영 시간 월요일-금요일 11:30~21:30
주요 메뉴 및 가격 특사시미 오마카세 1인: 35,000원

이렇게 깊숙이 숨어 있을 필요까지 있었나

정말 알리고 싶지 않은 재미난 식당입니다. 밤이 깊어지면 사장님께서 술잔을 들고 손님 테이블을 돌아다니시는데, 덩달아 손님들도 즐거워지는 현장을 목격하실 수 있습니다.

이곳은 강남 한복판 상가 지하에 조용히 자리한 초밥집입니다. 지극히 평범해 보이는 흔한 일식당이지만, 저녁 시간대에 가서 특사시미 오마카세 메뉴를 주문하시면 놀라운 광경이 펼쳐집니다. 서울 한복판에서 나올 수 있는 가성비인가 싶을 정도로 푸짐한데 심지어 이곳은 물가 비싸다는 강남 한복판입니다.

숙성회부터 초밥, 가라아게, 탕, 생선조림, 돈까스나베, 전복구이 등 그날그날마다 다른 요리들이 다양하게 쏟아집니다. 맛있는 음식을 먹으니 입도 즐겁지만, 사장님 특유의 흥겨움 덕분에 술맛이 한층 더 좋은 집이기도 합

니다.

구석진 자리에 숨어 있어 찾아가기도 힘들지만, 한 번만 가본 사람은 없다는 집이기도 합니다.

#강남맛집 #흥겨운술집 #신논현역도보1분컷

김사원's note

- 강남역 모임 맛집으로 최고의 선택지!
- 사장님께 먼저 술을 따라드리면 어쩌면 서비스가 나올지도?

INDEX 1 지하철 노선도 노포 지도

지하철 노선별 노포 성지

노포는 주차가 안 되는 곳이 대부분이다.
교통 체증 없는 지하철을 타고 노포 여행을 떠나보자!

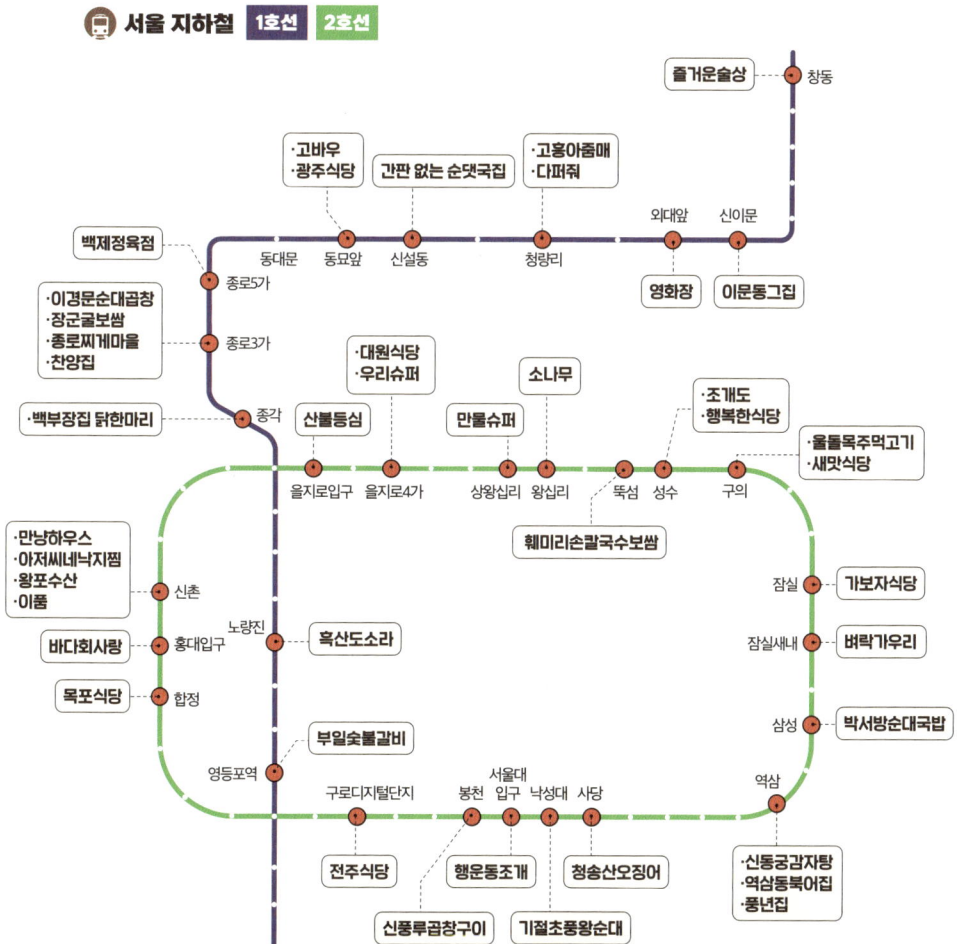

서울 지하철 3호선 4호선 7호선

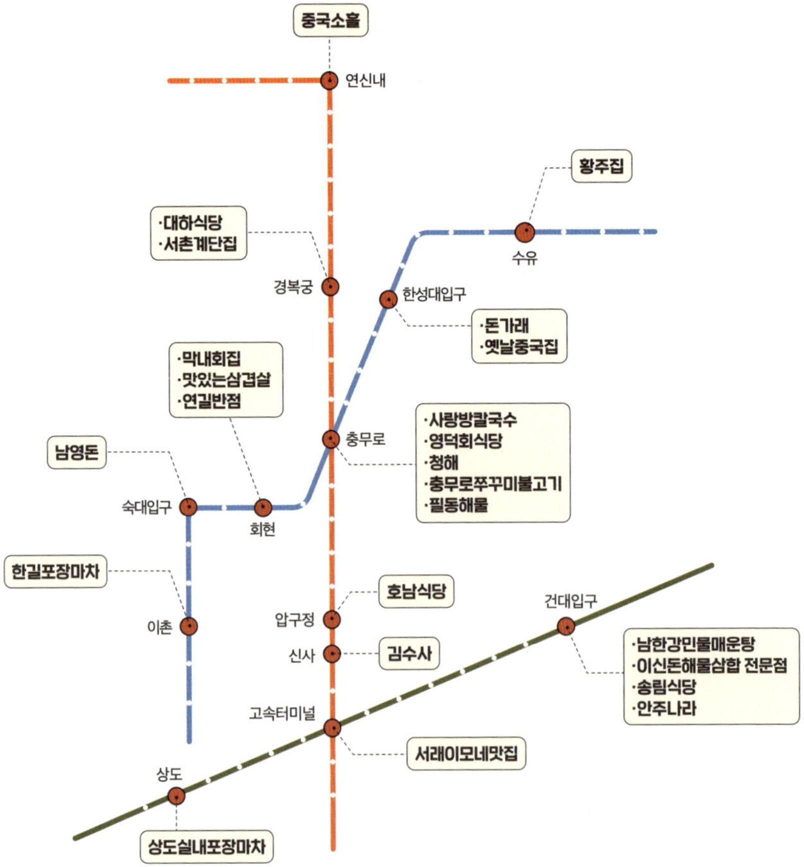

중국소울
- 연신내

황주집
- 수유

·대하식당
·서촌계단집
- 경복궁
- 한성대입구

·돈가래
·옛날중국집

·막내회집
·맛있는삼겹살
·연길반점
- 충무로

·사랑방칼국수
·영덕회식당
·청해
·충무로쭈꾸미불고기
·필동해물

남영돈
- 숙대입구
- 회현

한길포장마차
- 이촌
- 압구정
- 신사
- 고속터미널
- 건대입구

호남식당
김수사
서래이모네맛집

·남한강민물매운탕
·이신돈해물삼합 전문점
·송림식당
·안주나라

- 상도

상도실내포장마차

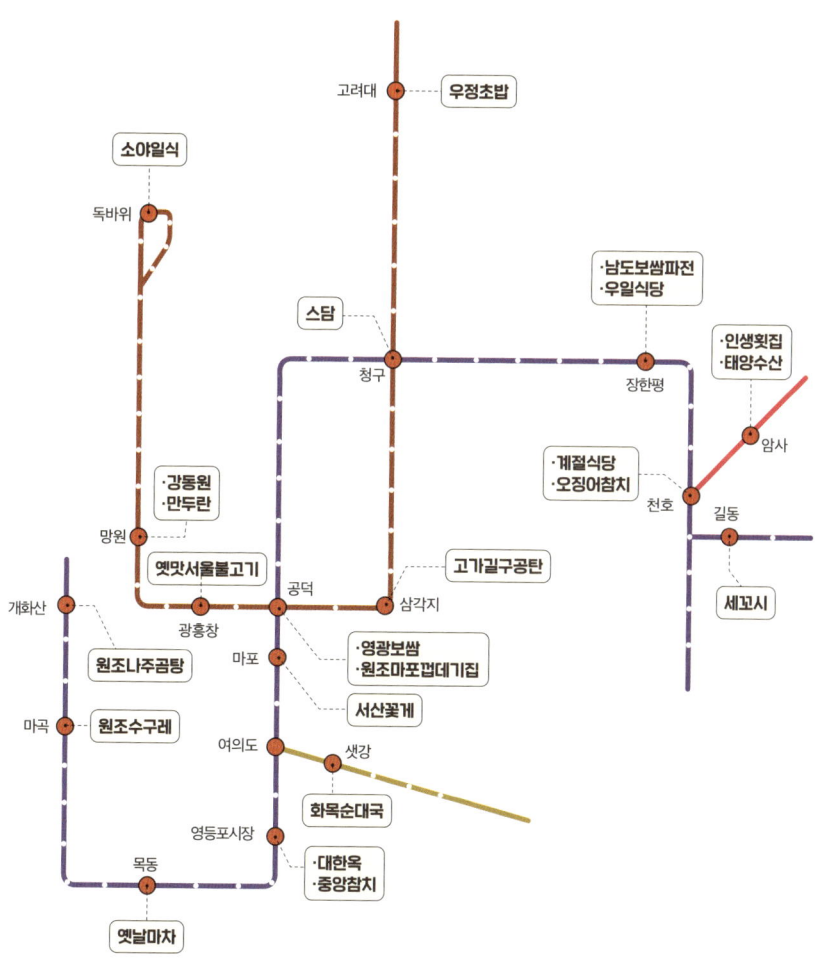

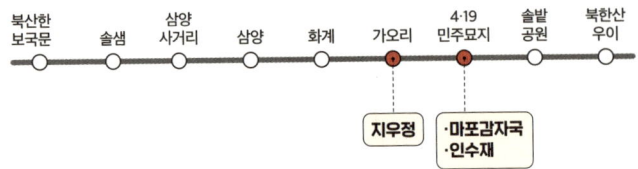

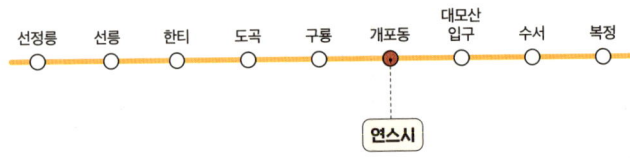

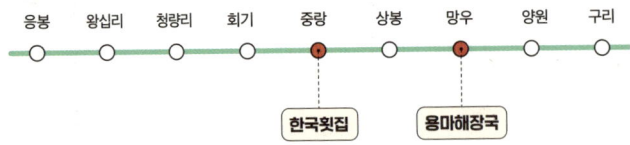

INDEX 2 메뉴별 가게 찾아보기

먹고 싶은 메뉴와 맛집 찾기

먹고 싶은 메뉴를 찾아서 맛집을 갈 때 유용하게 활용할 수 있다.
메뉴는 가나다라 순서로 정리했다.

ㄱ

가맥집 / **만물슈퍼**	156
간장게장 / **서산꽃게**	113
간짜장 / **영화장**	150
갈매기살 / **인수재**	265
감잣국 / **마포감자국**	262
곰탕 / **원조나주곰탕**	252
곱창 / **황주집**	271
곱창순댓국 / **화목순대국**	250
굴 요리 / **우리슈퍼**	90
꼬리수육 / **대한옥**	242

ㄷ

닭칼국수 / **사랑방칼국수**	78
닭한마리 / **백부장집 닭한마리**	26
대구뽈찜 / **종로찌게마을**	45
대방어회 / **바다회사랑**	110
대패삼겹살 / **가보자식당**	206
도미회 / **코야키친**	315
동태탕 / **광주식당**	22
돼지 목살 / **돈가래**	50
돼지갈비 / **부일숯불갈비**	245
돼지고기 / **남영돈**	62
돼지곱창전골, 순댓국 / **이경문순대곱창**	38
돼지불고기 백반 / **송림식당**	173
두부두루치기 / **광천식당**	283
떡볶이, 김밥전 / **만냥하우스**	128

ㅁ

막회 / **영덕회식당**	87
매운 돼지갈비찜 / **한꾼에88**	307
머리고기, 순댓국 / **박서방순대국밥**	188
멸치회무침 / **옛날마차**	257
모둠순대, 순댓국 / **기절초풍왕순대**	224
문어보쌈, 한정식 / **전주식당**	233
민물매운탕 / **남한강민물매운탕**	169

ㅂ

백반 / **두리식당**	311
백반 / **로타리식당**	302
백반 / **새맛식당**	171
보쌈 / **영광보쌈**	116
보쌈 / **장군굴보쌈**	42
보쌈김치 / **남도보쌈파전**	146
보쌈 정식 / **훼미리손칼국수보쌈**	166
북어찜 백반 / **역삼동북어집**	193
뼈숯불구이 / **신동궁감자탕**	191

ㅅ

산오징어통찜, 산오징어회 / **청송산오징어**	228
삼겹낙지찜 / **아저씨네낙지찜**	130
삼겹살 / **대하식당**	24
삼겹살 / **행복한식당**	164
삼겹살 / **호남식당**	201
삼겹살, 갑오징어 / **대원식당**	70
삼겹살, 고추장삼겹살 / **맛있는삼겹살**	75

323

샤오롱바오, 동파육 / **만두란**	104
서대회무침 / **동서식당**	300
석화찜 / **고흥아줌매**	143
세꼬시 / **세꼬시**	213
소갈빗살, 된장찌개 / **풍년집**	198
소고기 / **고바우**	20
소고기 / **산불등심**	80
소고기 / **소나무**	158
소고기 / **우일식당**	152
소고기등심, 차돌박이, 삼겹살 / **모아식품**	313
소고기뭇국, 갈비탕 / **옛맛서울불고기**	119
소국밥 / **태평소국밥**	288
소라무침, 소라찜 / **흑산도소라**	238
소막창 / **다동황소막창**	68
수구레 / **원조수구레**	255
숙성회 / **벼락가우리**	208
숙성회 / **연스시**	195
숙성회 / **인생횟집**	218
숙성회 / **태양수산**	220
순댓국 / **간판 없는 순댓국집**	140
숭어회, 산오징어통찜 / **다리위오징어**	286
스시 오마카세 / **김수사**	186
스시 오마카세 / **스담**	82
스시 오마카세 / **우정초밥**	55
스지된장골, 스지맑은전골 / **왔다식당**	297
심야식당 오마카세 / **소야일식**	123

ㅇ

아구수육 / **계절식당**	211
양곱창 / **로타리양곱창센타**	292
어향가지, 양꼬치 / **연길반점**	85
연탄구이 고기 / **원조마포껍데기집**	121
오마카세 / **하루스시**	317
오징어물회, 오징어통찜 / **상도살내포장마차**	236
육우등심, 볶음밥, 사골 국수 / **서울식당**	31
육회, 차돌박이 / **백제정육점**	28
이모카세 / **나드리식품**	66
이모카세 / **목포식당**	107

이모카세 / **서래이모네맛집**	203
이모카세 / **즐거운술상**	274

ㅈ

조개구이 / **조개도**	161
조개구이, 조개찜 / **행운동조개**	231
주먹고기 / **울돌목주먹고기**	179
중식 / **강동원**	102
중식 / **옛날중국집**	53
중식 / **이품**	135
중식 / **일번지**	40
중식 / **중국소홀**	125
쭈꾸미 관자구이 / **충무로쭈꾸미불고기**	95

ㅊ

차돌박이, 곱창전골 / **이문동그집**	154
참치회 / **중앙참치**	248

ㅎ

한우 등심, 돼지고기 / **지우정**	268
한우곱창 / **신풍루곱창구이**	226
항정살 / **고가길구공탄**	60
항정살 / **주연참숯불갈비**	305
해물삼합 / **이신돈해물삼합 전문점**	181
해물칼국수 / **찬양집**	48
해산물 / **다퍼줘**	148
해산물 / **서촌계단집**	34
해산물 / **필동해물**	98
해산물 모둠, 새우전, 국수 / **한길포장마차**	64
해장국 / **용마해장국**	277
홍어삼합 / **안주나라**	175
활어회 / **오징어참치**	215
회 / **새총횟집**	295
회 코스 / **막내회집**	72
회 코스 / **왕포수산**	133
회 코스 / **청해**	92
회 코스 요리 / **한국횟집**	279

진짜 끝!

김사원세끼의
노포 투어

펴낸날 초판 1쇄 2024년 9월 30일 | 초판 2쇄 2024년 10월 20일

지은이 김사원세끼

펴낸이 임호준
출판 팀장 정영주
책임 편집 김경애 | **편집** 김은정 조유진
디자인 김지혜 | **마케팅** 길보민 정서진
경영지원 박석호 유태호 신혜지 최단비 김현빈

인쇄 (주)웰컴피앤피

펴낸곳 비타북스 | **발행처** (주)헬스조선 | **출판등록** 제2-4324호 2006년 1월 12일
주소 서울특별시 중구 세종대로 21길 30 | **전화** (02) 724-7648 | **팩스** (02) 722-9339
인스타그램 @vitabooks_official | **포스트** post.naver.com/vita_books | **블로그** blog.naver.com/vita_books

ⓒ김사원세끼, 2024

이 책은 저작권법에 따라 보호를 받는 저작물이므로 무단 전재와 무단 복제를 금지하며,
이 책 내용의 전부 또는 일부를 이용하려면 반드시 저작권자와 (주)헬스조선의 서면 동의를 받아야 합니다.
책값은 뒤표지에 있습니다. 잘못된 책은 서점에서 바꾸어 드립니다.

ISBN 979-11-5846-423-3 13980

비타북스는 독자 여러분의 책에 대한 아이디어와 원고 투고를 기다리고 있습니다.
책 출간을 원하시는 분은 이메일 vbook@chosun.com으로 간단한 개요와 취지, 연락처 등을 보내주세요.

비타북스는 건강한 몸과 아름다운 삶을 생각하는 (주)헬스조선의 출판 브랜드입니다.